かわいく作って
おいしく食べる

ヌートな
朝ごはん

著 valo

すばる舎

Introduction

はじめに

はじめまして。valoと申します。

趣味で、手作りした朝ごはんなどの創作料理や、暮らしの中で心動かされ
たものを撮影し、日々Instagramにアップしています。

朝食の写真をアップし始めてから、今年で5年目になります。

そんな私ですが、実は幼い頃から食が細く、食への興味がゼロでした。私
にとって食事の時間は楽しいものではなく、「またごはんの時間がくる…」と、
ヒヤヒヤしてしまうものでした。

理由は好き嫌いが多いから。肉、魚、野菜、お米までもが好きではなかっ
たのです。両親からは「おなかがすいた!」という言葉を、私の口から聞い
たことがないと言われていたほどです。

私の食べられない理由は、味だけではありませんでした。食べ物の断面を
見ることも苦手だったのです。こんな変なことを言うのは本当に恥ずかしい
のですが、たとえば餃子、ハンバーグ、肉団子の断面は特に苦手でした。

当時の私は、両親にこのことを上手く伝えられなくて、と
ても困りました。食べ物の見た目が嫌だなんて、誰も
想像していなかったと思います。

あまりにも私が食べないので、母は相当悩ん
だようです。そんな母が考えて用意してくれた
のは、キャラクターが描かれたお子さまランチ
用のお皿。最初は母が盛り付けてくれていまし
たが、そのうち見よう見まねで自分でも作るよう
に。

とは言っても特別なおかずではなく、家族と同じもの

を少しずつ乗せるだけです。ご飯をお椀に詰めてパッカーンと出してふりかけをかけたり。たったそれだけのことでおいしく食べられてしまうことが自分でも不思議で、何より嬉しかったのをとてもよく覚えています。

　この経験が楽しい記憶として残っているおかげで「1枚のお皿の上にいろいろ乗っている」ことにワクワクし、いつしかそれが「パンの上にいろいろ乗せる」ことにつながったのでは？と思っています。

　年齢を重ねて、好き嫌いもほとんどなくなりましたが、小さい頃は食べ物で大変苦労しました。よくぞ今、こんなにも食べられるようになったなと、自分でも驚いています。

「綺麗に楽しく食べる」ことは私には特別なこと。

　私の作る料理は、きっとここに一因があって、見た目で気持ちを高めているのだと思います。

　Instagramを見てくださった、好き嫌いが多いお子さまを持つママさんから「子どもに作りたい！」とコメントをいただくことがあります。

　自分がヘンテコな理由で食べられなかったので、好き嫌いのあるお子さまの辛い気持ちがわかるのと同時に、大人になった今なら母の苦労もわかります。「食べてくれました！」のお言葉をいただくと、お役に立ててよかった！と幸せな気持ちでいっぱいになります。

　本書を通して、食に少しでも興味を持っていただけたら、これほど嬉しいことはありません。

valo

Contents

Column

Part 5
至福のスイーツ！
アサカシで贅沢気分

Part 1

朝からワクワク！
心が躍る朝ごはん

朝は1日の始まり。
まずは、かわいい＆おいしい朝ごはんで気分を上げて
ご機嫌な1日を過ごしましょう！

特別な技術は必要ありません！
華やかな見た目とは裏腹に、工程は意外と簡単。
スーパーや100円ショップで手に入る、
身近な食材や道具で簡単に作れるものばかり。

工作感覚で楽しみながらできる
楽しい朝ごはん作りの
アイデアをたっぷりご紹介します！

きゅうりのフリルが美しい！
タマゴきゅうりサンド

きゅうりをピーラーで薄
く切ったものを蛇腹に折
り畳んだら、ピエロの衣
装の襟元に見えてきて、
それをサンドイッチで表
現しました。

材料 （1人分）

- **イングリッシュマフィン**＊
  …1個
- **タマゴサラダ**
- **きゅうり**
- **スライスチーズ**
- **ミニトマト**

＊Pasco超熟、山崎ロイヤルイングリ
ッシュ、テーブルマークなどの市販品。
＊器は、iittala（イッタラ）のTeema（ティ
ーマ）、ホワイト（プレート）17㎝。

タマゴサラダ

[材料]
ゆで卵…1個、マヨネーズ…
大さじ1、塩胡椒…少々

[作り方]
ゆで卵をみじん切りにしてマヨ
ネーズと塩胡椒で和える（みじ
ん切りの方法はP48参照）。

1

タマゴサラダは、きゅうり
を固定する「のり」の役目
もあるので、こんもり乗せ
るのが、ちょうどいい。

マフィンを横半分に割り、マフィンの中
央から後ろのスペースに、タマゴサラダ
を乗せる。

2

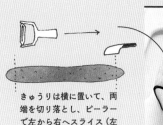

きゅうりは横に置いて、両
端を切り落とし、ピーラー
で左から右へスライス（左
利きの場合は逆）。

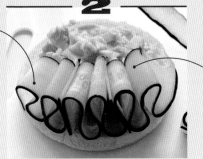

きゅうりを1枚ずつ手で蛇
腹にしてから並べる（ここ
では3枚並べている）。

1のタマゴサラダの前側に、ピーラーで
薄く切ったきゅうりを折りたたみ乗せる。

3

スライスチーズが冷たいう
ちに型抜きしたほうが、綺
麗に型が抜ける。

ミニトマトは半割ではなく、
丸みを削ぎ切りに。トマト
の水分でチーズにくっ付け
る（長時間キープは困難）。

チーズ、ミニトマト、きゅうりを組み合
わせて花を作る。チーズを花型で抜き、
2枚のチーズの間に竹串を挟み、竹串を
マフィンに刺して完成。

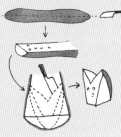

- きゅうりの表面をカーブ
  させると葉っぱらしく見
  える。
- 葉形に切ったきゅうりの
  底から竹串の底を4cmく
  らい出してマフィンに刺
  す。

　　　　　　　　心が躍る朝ごはん

果物ってジュエリーみたい！
宝石トースト

果物の形をそのまま活か
して宝石に見立てました。
黒胡麻クリームの黒色が、
果物の鮮やかな色を引き
立ててくれます。自然の
色って素敵です。

材料（1人分）
- 山型食パン
- 黒胡麻クリーム（市販）
- ホイップクリーム（市販）
- キウイ
- さくらんぼ（缶詰）
- みかん（缶詰）
- ブルーベリー

＊器は、ベルギーのNIMY（ニミー）のヴィンテージ。

Episode_01
ほかに合うフルーツ

どんなフルーツでも合いますが、
りんご、バナナ、缶詰の黄桃、
白桃、パイン、など、カラフル
なものがおすすめです。モンキ
ーバナナ（ミニバナナ）を縦切
りにして並べたら、おいしくて
かわいいかも。

1

黒胡麻クリームは常温に戻してやわらかくしてから塗ると平らに綺麗に仕上がる。

バターナイフではなく、ディナーナイフを使うと、平らに塗りやすい。

黒胡麻クリームを食パンの表面に塗る。食パンの地が見えないぐらいしっかりと均一に。

2

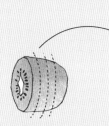

キウイはスライス。さくらんぼは半分に切って種を取る。みかんとブルーベリーはそのまま。

フルーツを切り、それぞれ平らな部分を下にしてパンの上にバランスよく並べる。

● 途中で見切れる部分（裁ち落としの部分）を作るだけで、「柄」のようにバランスよく見せることができる。

● 色味と大きさのバランスを見ながら、同じものが横に並ばないようにバラして配置すると綺麗に仕上がる。

3

● 飾りとして使うときは、市販のホイップクリームでデコレーションするとラク。

● ブルーベリーは、生クリームを絞ってから上に乗せる。

フルーツの周りをホイップクリームでデコレーション。

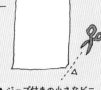

● ジップ付きの小さなビニール袋に入れて角を1mmほどカット。

● 指の力加減（強弱）で、大きさの違う丸を描き分ける。小さい丸は弱く、大きい丸は強めに押す。

　　心が躍る朝ごはん

羽のはみ出し具合がかわいい
花とちょうちょサンド

型抜きサンドとオープン
サンドを合体したら、見
た目が楽しいサンドイッ
チになりました。具材を
変えて、ちょうちょの柄
をアレンジしても。

材料 （1人分）

- サンドイッチ用食パン*…2枚
- タマゴサラダ（P8参照）
- ハム
- スライスチーズ
- きゅうり
- スプラウト
- マヨネーズ
- ケチャップ

*サンドイッチ用食パンは、8枚切食パ
ンの耳をカットしたものでも代用可。
*器は、フランスのASTIER de VILLATTE
（アスティエ ド ヴィラット）のもの。

Episode_02
アスティエの
プレート

長年憧れ続けたアスティエを、
約5年前にフランスに旅行し
た際、パリで初めて購入しまし
た。器はもちろんですが、お店
自体が本当に素敵で、友人と一
緒に大興奮したのを覚えていま
す。何を乗せても特別な一皿に
してくれる存在感と華やかさが
好きです。そして、とにかく軽
いので使いやすいです。

1

上に乗せるパンを、花と、ちょうちょの型抜きで抜く。

食パンを型抜きする。ちょうちょは半分のみを型抜きし、裏返しにして横に置く。

2

型抜きしたパンの抜いた位置（花型の部分）に合わせて、ハムとチーズを並べる。

ちょうちょの胴体になるハムも置く。

型抜きしたちょうちょの羽にタマゴサラダを乗せる。

型を抜いていないパンに、タマゴサラダ、ハム、チーズを乗せる。上から型抜きしたパンをかぶせる。

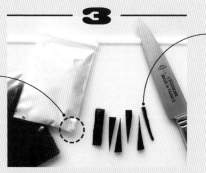

3

きゅうりの皮をそいで、花の葉っぱに見えるように斜めにカットする。

● デコレーション用のマヨネーズ、ケチャップをジップ付きミニビニール袋に入れて用意。

● 袋の角を1mmカット。絞り出してデコレーション。

マヨネーズで花の茎を描き、ケチャップで花のオシベやメシベと、ちょうちょの羽の模様を描く。触角も付ける。

スプラウトを2本、ちょうどよい長さにカットして、ちょうの触覚に。

心が躍る朝ごはん

縁起がよさそうな朝ごはん
花おにぎりプレート

「おめでたい感」を演出
したいときに、黒いお皿
があると、とても便利で
す。いつもの食材でも、
なんとなく厳かな雰囲気
に。

材料（1人分）

- ご飯
- 梅干し
- 卵
- 砂糖
- 塩
- 黒胡麻
- スナップエンドウ
- 紅芯大根

＊器は、iittala(イッタラ)のTeema
(ティーマ)、ブラック(プレート)
21㎝。

Episode_03
卵焼き
個人的黄金比

甘い卵焼きが好きで、個人的黄
金比があります。
卵1個に、砂糖を小さじ1、塩
を少々。

1

おにぎりケースの花型バージョン。DAISO（ダイソー）で購入。

おにぎりの中央を型（ピンクの部分）で押して穴を開け、中に梅干しをちぎったものを軽く詰める。

花型のケースにごはんを詰めて、花の形をしたおにぎりを作る。

2

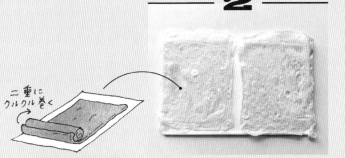

二重にクルクル巻く

1枚をラップに乗せて端から巻き寿司のようにクルクルと巻き、さらにもう1枚を巻く。

卵焼き器で薄焼きたまごを2枚焼く。粗熱が取れたら、端から巻いてラップに包んで形を作り、1～1.5cmぐらいにカット。

ゴマを外向き

切った卵焼きの断面に黒胡麻を飾る。黒胡麻の尖った側が外を向くように統一すると、綺麗に見える。

3

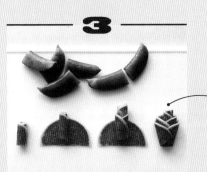

スナップエンドウを、さっと塩茹でし、半分に切る。スライスした紅芯大根を丸めて花を作る。

紅芯大根を半月切りにしたら、スライサーで1mmぐらいの厚さに切る。スライスした大根に塩少々を振り、クルッと丸めて、3枚重ねて花を作る。大根の水分でくっ付ける。

　　心が躍る朝ごはん

大好きなメリーゴーランドをイメージしました。イングリッシュマフィンをフレンチトーストに。コロンとしたフルーツがかわいい。

材料（1人分）

- イングリッシュマフィン …1個
- 豆乳（または牛乳）* …25㎖
- 卵…1/2個
- 砂糖… 小さじ1/2
- バター… 適量
- キウイ
- バナナ
- 苺
- 粉糖
- ホイップクリーム

* 豆乳で作ると、豆乳特有の香りがします。苦手な方は、牛乳で作ってみてください。

* 器は、iittala(イッタラ)のTeema(ティーマ)、パウダー(プレート)17㎝。

Episode_04
大好きな豆乳

一番好きな飲み方は「アボカドバナナ豆乳」。アボカド半個、小さめバナナ1本、豆乳150㎖をすべてミキサーで混ぜたら、トロふわスムージーの完成。

1

野田琺瑯のバット（レクタングル浅型S）は、卵液を浸すのに、ちょうどよいサイズ（P44で「フレンチトーストの個人的黄金比」を紹介しています）

マフィンを半分に割り、卵液に浸す。フライパンを熱したら、バターを入れて溶かし、卵液に浸したマフィンを両面焼く。

＊マフィンに卵液がなかなか吸い込まないときは、浸す前に、マフィンにフォークで穴を開けるといい。

2

一番先に、仕上がりの高さにカットしたバナナを断面を上下に向けてマフィンの中央に置くと安定しやすい。

カットしたフルーツを焼いたマフィンの上に置く。

中央に置いたバナナの周りに、カットしたフルーツを乗せる。挟むフルーツはお好みで。安定感のあるものがおすすめ。

3

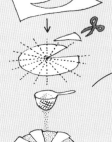

クッキングシートをピース状に16等分し、マフィンの上に交互に並べて、粉糖を振る（詳細はP61参照）。

粉糖とホイップクリームでデコレーション。中央に、苺を乗せて完成。

ホイップクリームはジップ付きミニビニール袋を使って絞る（詳細はP58参照）。

　心が躍る朝ごはん

苺のお花パン

平面的なお花ではなく、立体的なお花が作れないかな?と考えたお花パンです。食材を変えて、色違いのお花を作ってみても楽しい。

材料 (1人分)

- (小さめな)コッペパン* …2個
- ホイップクリーム
- 苺
- キウイ

＊Pasco超熟ロールなどの市販品。
＊写真では、器に上手く乗らないので3個だけですが、実際は、コッペパン2個で4輪の花が作れます。

Episode_05
きゅうりのお花パンにアレンジ

タマゴサラダ、パセリ、きゅうり、黄色のミニトマトを組み合わせて、おかずパンにしても楽しい。

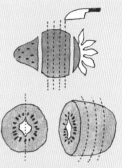

コッペパンを4つに切る。花の土台（両端）と、底になるパン（中央2つ）の断面が大きいほうにホイップクリームを塗る。

すべてのパーツ、材料を下準備する。パンにホイップクリームを塗る。苺、キウイはカットする。

苺は先端から3分の1ぐらいを残して約2mmの厚さに薄切り。キウイは約5mmの厚さに輪切りし半分に切る。

竹串の先端が少しパンから出るぐらいまで刺し込む。

底になるパンの中央に、竹串を尖った部分を上にして刺す。花の土台になるパンを、丸みのある部分を下に向けて、竹串に刺す。

パンに竹串を刺す。竹串は12cmがおすすめ。長い場合は折って使ってもOK。

薄くスライスした苺を円状に並べる。

乗せにくい場合は、スライスしたキウイの下の部分を少しカットして平らにすると乗せやすくなる。

底になるパンに、葉に見立てたキウイを、花の土台になるパンに、花に見立てた苺を乗せる。

中央から出た爪楊枝の先に苺の先端を刺し、周りにジップ付きミニビニール袋を使ってホイップクリームをデコレーション。

心が躍る朝ごはん

マフィンのお祝いケーキ

お誕生日や記念日は、目覚めた瞬間からウキウキしませんか? この気持ちを朝ごはんで伝えられたら楽しいなぁと考えて作りました。

材料 (1人分)

- イングリッシュマフィン…1個
- タマゴサラダ(P8参照)[*1]
- きゅうり
- 人参
- マヨネーズ[*2]
- ケチャップ[*2]

[*1]:P8で紹介したタマゴサラダの分量の倍量を使用。
[*2]:マヨネーズとケチャップは、ジップ付きミニビニール袋に入れて使用。
*器は、Royal Grafton(ロイヤル グラフトン)。イギリスのヴィンテージ。

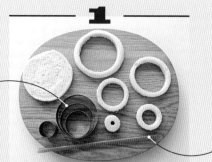

1

3連のクッキーの抜き型は
Seria（セリア）で購入。こ
ういうものが100均で買え
るのはとても有難い！

一番小さいマフィンは、ス
トローで中央に穴を開ける
（あとから穴に、きゅうり
のろうそくを刺す）。

マフィンを側面の切り込みからナイフで
切り、1枚のマフィンを大中小の丸い型
で4回くり抜いて5つに分ける。

2

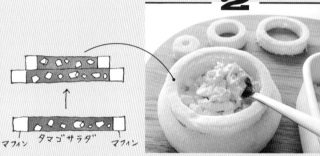

マフィン　タマゴサラダ　マフィン

2段目以降の断面図。タマ
ゴサラダは、パンの高さま
で詰めて、脇からはみ出さ
ないように。

くり抜いていないほうのマフィンの上に、
型抜きしたマフィンを大きいものから順
に乗せ、穴の中にタマゴサラダを詰める。

3

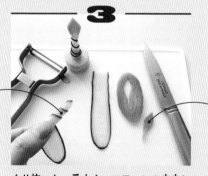

きゅうりをピーラーで薄く
スライスし、斜めに端から
クルクルと巻く。

薄く斜め切りにした人参を、
ペティナイフで炎の形にカ
ット。人参の模様を活かし
て炎のように見せるところ
がポイント。

くり抜いた一番小さいマフィンの中央に、
きゅうりろうそくを刺して最上段に差す。
側面にマヨネーズとケチャップでデコレ
ーション。

　　　心が躍る朝ごはん

食パン1枚でいろいろ楽しみたい
セパレートトースト

山型食パンを放射状にカットしてカナッペ感覚で。色、味、8種類の、作るのも食べるのも楽しいトースト。見た目もパッチワークのようで綺麗！

材料（1人分）

● 山型食パン
❶ タマゴサラダ（P8参照）
❷ バター＋塩もみきゅうりパセリ
❸ クリームチーズ＋
　 紫キャベツマリネ＋黒胡椒
❹ 黒胡麻クリーム＋バナナ
❺ バター＋ハム
❻ クリームチーズ＋柚子ジャム
❼ クリームチーズ＋
　 ブルーベリー＋蜂蜜
❽ バター＋苺ジャム

Episode_06
クリームチーズ
消費法

余りがちなクリームチーズの救済方法のひとつとして、ドリンクアレンジをおすすめします。耐熱性マグカップにクリームチーズ約20gを入れ、600Wのレンジで10秒温めて柔らかくし、そこに牛乳150㎖を少しずつ加えて混ぜながら溶かします。牛乳を入れ終えたら再度レンジにかけ、お好みの温度になるまで温めて完成。甘みは、砂糖などお好みのものをどうぞ。

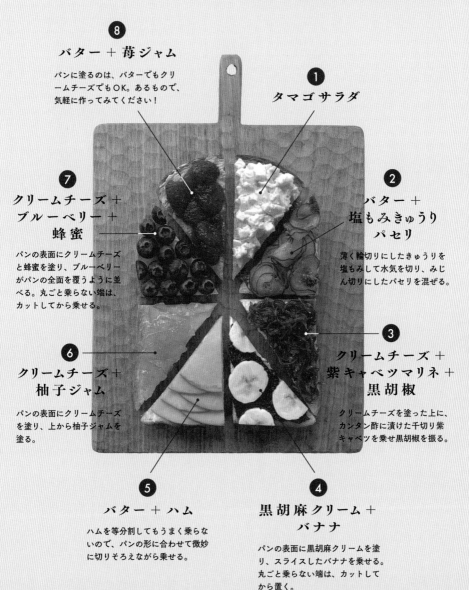

おいしく食べたいから、味が混ざらないようにひとつずつ切り分けてトッピングしました。

⑧ バター ＋ 苺ジャム

パンに塗るのは、バターでもクリームチーズでもOK。あるもので、気軽に作ってみてください！

① タマゴサラダ

⑦ クリームチーズ ＋ ブルーベリー ＋ 蜂蜜

パンの表面にクリームチーズと蜂蜜を塗り、ブルーベリーがパンの全面を覆うように並べる。丸ごと乗らない端は、カットしてから乗せる。

② バター ＋ 塩もみきゅうり パセリ

薄く輪切りにしたきゅうりを塩もみして水気を切り、みじん切りにしたパセリを混ぜる。

⑥ クリームチーズ ＋ 柚子ジャム

パンの表面にクリームチーズを塗り、上から柚子ジャムを塗る。

③ クリームチーズ ＋ 紫キャベツマリネ ＋ 黒胡椒

クリームチーズを塗った上に、カンタン酢に漬けた千切り紫キャベツを乗せ黒胡椒を振る。

⑤ バター ＋ ハム

ハムを等分割してもうまく乗らないので、パンの形に合わせて微妙に切りそろえながら乗せる。

④ 黒胡麻クリーム ＋ バナナ

パンの表面に黒胡麻クリームを塗り、スライスしたバナナを乗せる。丸ごと乗らない端は、カットしてから置く。

ご飯プリンアラモード

喫茶店の昔懐かしいプリンアラモードをイメージ。生クリームに見立てて小さなモッツァレラチーズを乗せるアイデアは、我ながら気に入ってます！

材料（1人分）

- ご飯
- 卵
- 塩
- 醤油パウダー*
- ミニトマト
- 豆苗
- ソーセージ
- ケチャップ
- ひとくちモッツァレラ（クラフト）
- ヤングコーン
- 人参
  →スライサーで薄く切ってから千切りにしてカンタン酢に漬ける
- きゅうり
- レタス

*醤油パウダーとは、粉末タイプの醤油のこと。粉末状だと食材に適度に染み込み、少量でも満足できる。塩や胡椒、ドレッシングなどの代わりにも振りかけて使える。

*器は、ステンレス製、日本製。ブランド名は不明。

卵チャーハンを作り、プリン型に詰めて
形を整える。器の上でプリン型をひっく
り返し、卵チャーハンを型から出す。

卵チャーハンの上部に醤油
パウダーを振りかけてカラ
メル風に。

ソーセージは1本を半分に切り、断面に
3回放射状に切り込みを入れ軽く火を通
す。

ソーセージは、表面を焼く
か、お湯に入れて軽く火を
通し、切り込み部分を少し
開かせる。中央にケチャッ
プを乗せ、お花風に。

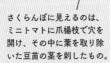

さくらんぼに見えるのは、
ミニトマトに爪楊枝で穴を
開け、その中に葉を取り除
いた豆苗の茎を刺したもの。

ミニトマトと豆苗の茎で、さくらんぼを
作る。本物をイメージしながら、卵チャ
ーハンの周りにおかずを盛り付けて完成。

心が躍る朝ごはん

いちじくの断面を見て
「炎みたい」と思い、ろ
うそくにしてみました。
生クリーム＋水切りヨー
グルトで、あっさりフル
ーツサンド。

材料（ろうそく2本分）

- サンドイッチ用食パン
  …2枚
- 生クリーム
- 砂糖
- 水切りヨーグルト
- いちじく＊
- みかん
- バナナ
- キウイ

＊いちじくがない季節は苺で代用OK。
＊器は、ベルギーのBOCH（ボッホ）。
　ヴィンテージ。

水切りヨーグルト

1 コーヒーのドリッパーにペー
　パーフィルターをセッ
　トし、器の上に乗せる（器
　は、ヨーグルトから出た
　水分を受ける用）。
2 使いたい量の約倍量のヨー
　グルトを入れてラップを
　し、約半分の量になるま
　で冷蔵庫で水を切る。

1

生クリームに水切りヨーグルトを加えると、かたさが出て扱いやすいクリームになります。なおかつ、あっさりヘルシーな仕上がりに。

このヨーグルト入り生クリームにコンデンスミルクを加えると、濃厚な味わいに。

砂糖を入れて泡立てた生クリームと、水切りヨーグルトを混ぜる。

2

中に挟むフルーツをパンに収まるサイズに切る。炎の部分になるいちじくは、半分に切る。

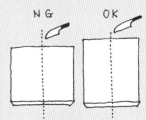

NG　OK

パンを縦長に置いて半分に切る。ブレッドナイフをお湯で温めてからフルーツサンドイッチを切ると、綺麗に切ることができる。

ヨーグルト入り生クリームをパンに塗りフルーツを並べたら、その上に再びクリームを乗せ、もう1枚のパンで挟む。

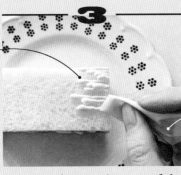

3

● ろうを描くときは、初めに長い部分を描き、その上から短い部分を描く。

● 左から右に描く。描き始めの左端を多めに絞って膨らませると、うまく描くことができる。

ヨーグルト入り生クリームをジップ付きミニビニール袋に入れて絞る。かたさがゆるめのクリームを使うと、ろうが垂れている様子を表現しやすい。

パンにヨーグルト入り生クリームでデコレーション。ろうそくの炎に見立てたいちじくを飾って完成。

便利な道具

アートな朝ごはんを作るときにあると便利な道具をご紹介します。
長年使っている愛用品から、100円ショップで
気軽にそろえられるものまで。参考にしていただき、ぜひお好みで、
ご自分が使いやすいものをお使いください。

❶ ブレッドナイフ

スイスのWENGER（ウェンガー。今は
ビクトリノックスと統合）のパン切りナ
イフ。かたいフランスパンから柔らかい
サンドイッチまで美しい切り口に。

❷ ペティナイフ

フランスのナイフメーカーL'ECONOME
（レコノム）のナイフ。野菜や果物の皮
むき、スライス、くし切りなど下ごしら
え全般に活躍。ブレード部分に入った傘
のロゴがかわいらしくて愛着が湧きます。

❸ ピーラー

無印良品のステンレス皮引き。オールス
テンレスで、お手入れもしやすく、衛生
的。飽きのこないシンプルなデザインも
好き。皮がするすると綺麗にむけます。

❹ ストロー

太さが違う3種類のストロー。左から、
細→直径5ｍ。中→直径8mm。太→直径10
mm。最近では、100均などで様々なサイ
ズが手に入ります。ストローは、スライ
スチーズに穴を開けるときによく使いま
す。たとえば、チーズを花型で抜いたあ
と中央をストローで抜いたり、ストロー
で抜いた丸形のチーズを水玉に見立てて
飾ったり。P32の型抜きサンドでは、葡
萄の型抜きをするときに使用しています。

❺ ジップ付きミニビニール袋

透明無地のスライドジッパーが付いた小
さなビニール袋。角を1mmほど切ってデ
コレーションに使います。袋のサイズは、
68mm×48mm、厚さ0.04mm。かなり小さ
めです（使い方の詳細はP58参照）。

❼ スライサー

愛工業の野菜調理器Qシリーズ薄切り。
料理家さんの本で紹介されていたのをき
っかけに、5年ぐらい前から愛用。切れ
味がよく、スライスした厚さがちょうど
いい。

❻ 竹串や楊枝

スープに生クリームを垂らして模様を描
くときに使用します。ほかには、マヨネ
ーズ、ケチャップ、ソース、などで模様
を描くときにも使っています。

Part 2

パンがアートに変身！
朝ごパンいろいろ

朝に食べるパン＝「朝ごパン」。

スーパーなどで手軽に手に入るパンに
食材を「足し算」して朝食を楽しんでいます。
なぜなら、このひと手間で気分が上がって、
よりおいしく食べることができるから。

そして、その工程が楽しくて、日々作っては、
Instagramに写真をアップしています。

市販のシンプルな食パンやマフィンの変身ぶりと、
味のバリエーションの広がりを
楽しんでいただけたら嬉しいです。

まるで絵カードのよう！
型抜きフルーツサンド

果実の断面が見える美しいフルーツサンドも素敵ですが、こちらも、ある意味「フルーツサンド」だなぁと楽しく作りました。

材料（4種類分）

サンドイッチ用食パン
　…4枚（1種類につき1枚）
【さくらんぼ】ハム、スライスチーズ、きゅうり、マヨネーズ*、バター
【ぶどう】ブルーベリージャム、ヌテラ（ココア入りヘーゼルナッツペースト）*
【キウイ】アボカド、黒胡麻、マヨネーズ、バター
【苺】苺ジャム、白胡麻、グリーンピスタチオ（製菓用）

＊さくらんぼの茎、ぶどうの枝は、ジップ付きミニビニール袋に入れて絞って描く。
＊カッティングボードは、木工作家・小沢賢一さんの作品。

作り方

1　サンドイッチ用食パンを半分に切る（P27ろうそくサンドとは逆に、パンを横長に置いて切る）。
2　上に乗せるパンを型で抜く。
3　下に敷くパンにスプレッド（バターやペーストなど）を塗り、食材を乗せる。
4　型抜きしたパンを3の上に乗せ、デコレーション。

必要な道具

抜き型、ストロー、ペティナイフ、ジップ付きミニビニール袋

さくらんぼ

1

上に乗せるパンを小さな丸型で抜き、さくらんぼの実の形を作る。

型抜きのポイントは、上の部分に枝と葉っぱが入ることを考えて、バランスよく抜くこと。

2

下に敷くパンの上にバターを塗り、チーズ、ハムを順番に乗せる。その上に **1** で型抜きしたパンを乗せ、デコレーション。

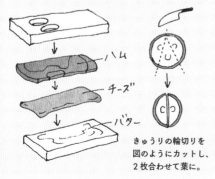

ハム
チーズ
バター

きゅうりの輪切りを
図のようにカットし、
2枚合わせて葉に。

ぶどう

1

上に乗せるパンをストローで抜き、ぶどうの形を作る。

左右対称にしてもいいが、あえて非対称でも、不思議と、ぶどうらしく見える。

2

下に敷くパンの上にブルーベリージャムを塗り、その上に **1** で型抜きしたパンを乗せ、ヌテラで枝を描く。

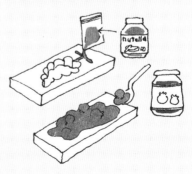

nutella

キウイ

1

上に乗せるパンを楕円形の型で抜く。

2

下に敷くパンの上にバターを塗り、アボカドスライスを置き、上に**1**で型抜きしたパンを乗せる。アボカドの中央にマヨネーズを乗せ、周りに黒胡麻を散らす。

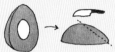

アボカドは種を取って皮をむき、表面を薄く切る。

黒胡麻の尖ったほうを外側に向けて、マヨネーズの際に近づけて並べると、種っぽく見える。

苺

1

上に乗せるパンを型で抜いて苺形を作る。

楕円　＋楕円　＋丸

苺の形に抜く方法は、楕円型2回＋丸型1回。ナイフで切り込み＋複数の型抜きで、形を微調整。

2

下に敷くパンの上に苺ジャムを塗る。その上に**1**で型抜きしたパンを乗せ、ジャムの上に白胡麻を散らす。葉っぱを模したグリーンピスタチオをあしらって完成。

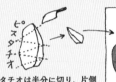 

ピスタチオは半分に切り、片側が尖るように斜め細切り。尖ったほうを下に並べて葉らしく。

型抜きサンドいろいろ

【 大好きな花をパンで表現 】
紫陽花サンド

材料 (1人分)

- サンドイッチ用食パン…4枚
- ホイップクリーム
- ブルーベリージャム
- ミント

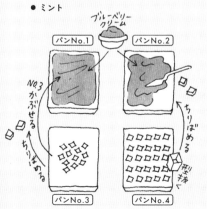

作り方

1 ブルーベリージャムとホイップクリームを混ぜて、ブルーベリークリームを作る。

2 食パン2枚（[パンNo.1&2]）の表面に、**1**のブルーベリークリームを塗る。

3 残り2枚の食パンはクリームを塗らずに、ひし形の型で抜く。1枚[パンNo.3]は紫陽花の花の形に抜き、もう1枚[パンNo.4]は花びらをたくさん抜く。

4 [パンNo.3]を[パンNo.1]の上にかぶせる。

5 [パンNo.3]から抜いた花びらにブルーベリークリームを塗り、中心にホイップクリームで点を描いたら、パン[パンNo.1]の上にかぶせた[パンNo.3]の上に散らす。

6 [パンNo.4]から抜いた花びらの中心にブルーベリークリームで点を描いたら、パン[パンNo.2]の上にすべて散りばめる。点を描くときは、ジップ付きミニビニール袋に入れて。

ひとくち白黒サンド

材料 （1人分）

サンドイッチ用食パン…3枚、
黒胡麻クリーム、ホイップクリー
ム

説明

黒は、黒胡麻クリーム。白は、ホ
イップクリームと食パン。
まず2枚の食パンの表面に黒胡麻
クリームを塗り、四角に4等分す
る。次に、上に乗せる1枚の食パ
ンを同様に4等分し、さらに対角
に切って三角を16個作る。
黒胡麻クリームを塗ったパンの上
に、三角を対角に2個ずつ乗せて、
ホイップクリームで水玉をあしら
ったら完成。

ラピュタパンサンド

材料 （1人分）

サンドイッチ用食パン…2枚、
うずらの卵、バター、塩

説明

ジブリ映画「天空の城ラピュタ」
に登場する目玉焼きトーストにち
なんで。
バターを塗ったパンを1枚トース
ターで焼いて、うずらの卵の目玉
焼きを乗せたら、ちっちゃなラピ
ュタパンが完成。
目玉焼きは焼いて塩を少々。
上に乗せたパンは、楕円と四角の
型を組み合わせて、何回かずらし
て型抜き。

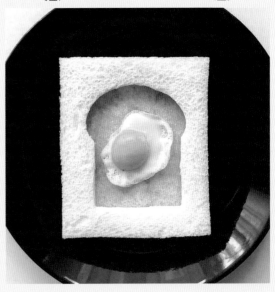

材料 （1人分）

サンドイッチ用食パン…2枚、苺、黒あん、バター

説明

1枚の食パンをハートの型で抜く。もう1枚の食パンに、苺のスライスと、黒あん、バターのスライスを、上に乗せるパンの穴の位置に合わせて置く。その上から型抜きしたパンを乗せてサンド。
見た目もラブリー、中身も間違いない組み合わせ。

メルヘンの世界へようこそ
お花畑サンド

材料 （1人分）

サンドイッチ用食パン…4枚、カニカマ、ハム、薄焼き卵、紫玉ねぎ、スライスチーズ、アボカド、ケチャップ、マヨネーズ

説明

型抜きしたお花の下の食材は、赤がカニカマ、ピンクがハム、黄色が薄焼き卵、紫が紫玉ねぎ。白っぽいのがスライスチーズで、オレンジの点がケチャップ。
アボカドをスライスして葉っぱに。茎はマヨネーズ。

[[ブルーベリー格子柄トースト]]

黒胡麻クリームに、ホイップクリームで格子柄。ブルーベリーとホワイトチョコチップを飾りました。ブルーベリーの断面が思いのほか綺麗です。

[[フルーツのお花畑トースト]]

苺のチューリップとバナナのちょうちょ。水切りヨーグルトの真っ白な背景が少しさみしかったので、チョコチップを並べて水玉に。

[[苺柄トースト]]

タマゴサラダに、ケチャップ＋パセリの苺を描きました。仕上げに白胡麻を乗せたら、一気に苺感がアップします。

[[紫キャベツ目玉焼きトースト]]

チーズトーストの上に、びっくりするくらい鮮やかな紫キャベツピクルス。うずらの卵の小さな目玉焼きを乗せて。

［ タマゴトースト ］

チーズトーストの上に、薄くスライスしたゆで卵を一面に敷き詰めました。ジップ付きミニビニール袋に入れたマヨネーズでデコレーションを。

［ 白のお花トースト ］

手作りのブルーベリージャムを水切りヨーグルトに混ぜて紫色クリームにしました。ホイップクリームを絞って花びらにし、その中央には半割にしたぶどうを。

［ モザイクトースト ］

手作りの苺ジャムとスライスチーズで幾何学模様。一見、凝っているようだけど、実は手順はシンプル。必要なのは根気のみ！

［ 苺白あんトースト ］

バタートーストに、半分に切った苺と白あんで斜めのストライプ。白あんは、すくう部分が苺ぐらいの大きさのスプーンに詰めてから、指で押し出して形を作る。

［ 昭和レトロなお花トースト ］

ソントンのカスタードクリームを塗って、ホイップクリームとさくらんぼで、お花。さくらんぼは、半分に切って種を取り出し、丸いほうを上側に置いて。

［ ショートケーキ食パン ］

山型食パンにクリームチーズと苺ジャムを挟んで、ジグザグにカット。ホイップクリームとアメリカンチェリーで飾り付け。誕生日の朝、簡単なお祝い。

［ ミニトマトトースト ］

こんがり焼いたチーズトーストに、半分に切ったミニトマトをぎっしり並べて、黒胡椒をガリガリたっぷりと。オリーブオイルをかけてもおいしい。

［ バナナあんバタートースト ］

あんバタートーストにバナナ。スライスしたバナナは、1枚おきに表面に生クリームで模様を。「あんこ＋バター＋生クリーム」は最強の組み合わせ。

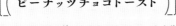

［ ピーナッツチョコトースト ］

ピーナッツバターを塗ったあと、チョコレートクリームとホイップクリームで、お花。ジップ付きミニビニール袋に入れて描く。

［ ゆで卵のお花トースト ］

一面のピンクは、ビーツのピューレをマッシュポテトに混ぜたもの。ゆで卵とラディッシュのスライスを散らし、マヨネーズで花びらを描いて。

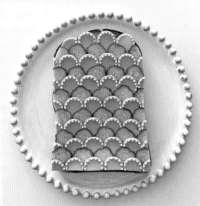

［ ギョニソきゅうりトースト ］

チーズトーストの上に、きゅうりと魚肉ソーセージで模様。魚肉ソーセージに描いた粒々は、マヨネーズ。冷蔵庫にある食材で作れる一品。

［ お弁当トースト ］

食パンがお弁当に変身！黒胡麻クリームで点を描いて、胡麻塩ごはん風。苺ジャムで梅干し。おかずには、冷凍ハンバーグ、厚焼き卵、きゅうりの塩もみなど。

　朝ごパンいろいろ

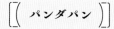

パンや栗の渋皮煮がウサギやクマに変身!

動物パン

[[ウサギパン]]

パンの形を活かしてウサギに。耳はモンキーバナナ、顔の目と鼻周りと歯は、スライスチーズをカットしたもの。ハム、豆苗、ケチャップでデコレーション。

[[パンダパン]]

パンの形を活かしてパンダに。白→クリームチーズと蜂蜜。黒→黒胡麻クリーム。赤→缶詰さくらんぼ。耳は、輪切りのバナナに黒胡麻クリームを塗って。

[[クマトースト]]

バター、切った栗の渋皮煮、スライスチーズをパンに乗せて焼き、栗の渋皮煮で作ったクマを中央に置く。顔は、ピーナッツバター、水切りヨーグルト、黒胡麻。

[[クマパン]]

チーズトーストに、ごぼうのきんぴらを乗せて。白い部分はスライスチーズを切ったもの。黒目と鼻と口周りは海苔。

＊ウサギパン、パンダパン、BIRTHDAYピザ、いずれも、タカキベーカリーの石窯ライ麦ブレッド。

こんな飾り付けも楽しい！
ピザトースト

[[BIRTHDAYピザ]]

ピザトーストに色とりどりの野菜でメッセージ。スナップエンドウ、人参、カリフラワー、ラディッシュ、黄パプリカ、赤パプリカ、紫大根、きゅうりを使って。

[[LOVEピザ]]

ピザトーストに「LOVE」の文字。L→赤パプリカ。O→ゆで卵。V→ソーセージ。E→アスパラ。言いにくいメッセージもトーストだったら伝えやすいかも？

[[いろいろピザ]]

ピザトーストの一面に敷き詰めた、カラフルな食材。赤&黄ミニトマト、マッシュルーム、ソーセージ、手作りディルソースを散らして。

[[きのこピザ]]

ピザトーストに「きのこ」。赤いきのこのカサは、赤ピーマン、柄はズッキーニ、カサの水玉はマヨネーズ。草に見立てたのはディル。

基本のフレンチトースト

分量の個人的黄金比を紹介！

フレンチトーストと言っても、焼きすぎたり、柔らかすぎたり、なかなか奥が深いもの。ここでは私がいつも作っているやり方をご紹介します。

材料 （1人分）

- 角食パン 6枚切…1枚
- 卵[*1]…1個
- 牛乳[*2]…60㎖
- 砂糖… 小さじ1
- バター…・ 適量

*1：フレンチトーストで使う卵は、すべてLサイズ。
*2：牛乳の代わりに豆乳を使ってもOK。
*器は、iittala(イッタラ) のTeema(ティーマ)、ハニー(プレート)17㎝。

分量の個人的黄金比

【角食パン】
6枚切…1枚、卵…1個、
牛乳…60㎖、砂糖…小さじ1
【山型食パン】
6枚切…1枚、卵…1個、
牛乳…80㎖、砂糖…小さじ1
【イングリッシュマフィン】
マフィン…2個、卵…1個、
牛乳…50㎖、砂糖…小さじ1

*パンの種類によって牛乳の量を微調整。
*いずれも、焼くときにバター(適量)を加える。
*あとからメープルシロップ、蜂蜜、生クリーム、フルーツソースなどをかけるので、甘さは控え目。

Part_2

1

牛乳を量った計量カップに、砂糖と卵を割り入れると、ボウルを使わずに済む。

卵、牛乳、砂糖をよく混ぜて卵液を作る。

2

卵液の浸り具合を片側ずつ確認しながら、卵液をなるべく余らせないように。

● 焼き目が付いたら裏返して蓋をし、弱火で2分ほど焼く。

● 好みの焦げ目になるまで、焼き目をこまめにチェックしながら仕上げると、綺麗に仕上がる。

＊P44の「レモンが主役のフレンチトースト」は、フレンチトーストに粉糖を振ったあと、フレッシュレモンの輪切りを乗せて完成。

卵液がなくなるまで食パンを卵液に浸す。フライパンを熱したら、バターを入れて溶かし、食パンを両面焼く。焼けたら、粉糖とメープルシロップをかけて完成。

しましま模様を付けるコツ

P44のフレンチトーストは、焼いたフレンチトーストの上に、細く切ったクッキングシートをしましまに並べて、上から粉糖を振りかけ、模様を付けたもの。
しま模様を作るときに、罫線入りのルーズリーフをクッキングシートの下に置き、重ねて一緒に切ると、綺麗な線を作ることができる。
行数を増やすことで、線の太さも変えられる。

フレンチトーストいろいろ

一面のフルーツ畑!
色とりどりの南国フレンチ

材料（1人分）

- 6枚切角食パン…1枚
- 卵…1個
- 牛乳…60㎖
- 砂糖… 小さじ1
- レッドドラゴンフルーツ
- 黄桃
- キウイ
- バナナ
- ブルーベリー
- バター… 適量

＊器は、ベルギーのNIMY(ニミー)のヴィンテージ。

作り方

1 卵、牛乳、砂糖をよく混ぜて卵液を作り、食パンを浸す。

2 卵液がなくなったら、バターを溶かしたフライパンで食パンの両面を焼く。

3 焼けた食パンの上に切ったフルーツをぎゅうぎゅうに敷き詰める。

4 食パンからはみ出してしまうフルーツは、カットして形を整える。

Episode_07
レッド
ドラゴンフルーツ

南国フレンチの主役は奄美大島土産のレッドドラゴンフルーツ。びっくりするくらいに色が鮮やかです。ドラゴンフルーツをブルーベリーや苺などで代用してもOK。色の濃いフルーツを入れると全体が引き締まります。

コロンとした果実がアクセント
さくらんぼのバゲットフレンチ

材料

バゲット、卵、牛乳、砂糖、バター、さくらんぼ、ブルーベリー、粉糖、シロップ

説明

フレンチトーストには、どんなフルーツも合うけれど、せっかくなら旬のものを楽しみたい！スーパーに国内産のさくらんぼやブルーベリーが並び始めると、ウキウキします。ちなみに、6月の第3日曜日は、さくらんぼの日。

淡いピンク色がかわいい
りんごの甘煮と角食フレンチ

材料

6枚切角食パン、卵、牛乳、砂糖、バター、りんごのコンポート（紅玉、砂糖、レモン汁）、ヨーグルト、粉糖、ミント

説明

皮も一緒に煮込んでピンク色に仕上げた紅玉のコンポートを一緒に。ヨーグルトを添えましたが、クリームチーズとも合います。仕上げに、粉糖とミントでおめかし。

ギフトマフィンサンド

イングリッシュマフィンをジュエリーボックスに見立てて、フタ部分にきゅうりのリボンをあしらいました。ボックスの中には食べられる指輪を。

材料 （1人分）

- イングリッシュマフィン …1個
- タマゴサラダ（P8参照）
- きゅうり
- 紫芋（加熱済みのもの）
- マヨネーズ

＊器は、iittala（イッタラ）のTeema（ティーマ）、ホワイト（プレート）17cm。

Episode_08
エッグスライサーについて

タマゴサラダを作るときに重宝しているのが「エッグスライサー」。ゆで卵を置いて一度スライスしたら、卵の向きを90度変えて、もう一度スライスします。すると、ゆで卵のみじん切りが完成。マヨネーズと塩胡椒を和えるだけで、タマゴサラダのできあがり。包丁いらずで楽ちんです。私は貝印のスライサーを使っています。

1

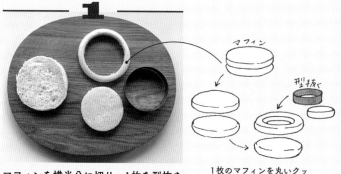

マフィンを横半分に切り、1枚を型抜きし、型抜きしていないほうに重ね、穴の中にタマゴサラダを詰める（P21参照）。

1枚のマフィンを丸いクッキー型で抜く。

2

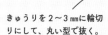

きゅうりを2〜3mmに輪切りにして、丸い型で抜く。

きゅうり、紫芋、マヨネーズで指輪を作る。きゅうりと紫芋は、マヨネーズでくっ付ける。

● 紫芋の中心の模様を活かして六角形の型で抜く。型がない場合は、ナイフでカットしてもOK。

● マヨネーズは、ジップ付きミニビニール袋に入れてデコレーション。

3

きゅうりのリボンを乗せて完成。

きゅうりのリボンの作り方は、次ページ参照。

朝ごパンいろいろ

きゅうりリボンの作り方

うまく作るコツ

- 「スターボウ」という名前のリボンをイメージしながら作ると、バランスよく作れる。
- ぎゅっと三角を作るより、ふわっとやさしく作るイメージで。
- きゅうりの水分でくっ付けるので、水分が蒸発する前に手早くクルッと丸める。
- 丸めたときに、きゅうりが長すぎる場合は、余分な部分をカットして調整する。
- きゅうりの太さによってリボンの大きさが変わるので、見本と同じ枚数にこだわらなくてもいい。

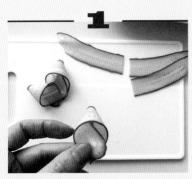

1

きゅうりをスライサーで6枚薄く切り、半分の長さ（約9cm）に切って12枚に。各々を指でクルッと丸めて三角形を作る。

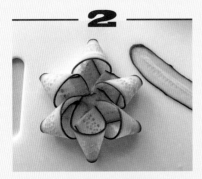

2

三角形を作ったら、その都度置いていき、六角形になるように並べる。これで1段目が完成。

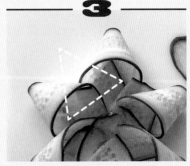

3

次に2段目。**1**と同様に、指でクルッと丸めて三角形を作る。**2**の2つの三角形の間に、新しく作った三角形を乗せる。

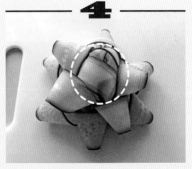

4

きゅうりの三角形を5つ置いたら、最後の1枚をクルッと丸め、中央に乗せたら完成。

リボンを普段使いしてみる

子どもの頃からリボンが大好き！だからこそ「きゅうりリボン」を思い付きました。
色とりどりで華やかなリボンは、見ているだけでウキウキします。
特別な場面以外にも、どんどん使いたいアイテムです。

❶ お裾分け、プチプレゼントに

大好きなリボンですが、普段の生活の中で活躍する場面って案外少ないかもしれません。でも、何気なく渡されたものにリボンが結んであったら、何だか嬉しくなりませんか？普通のものを特別にしてくれる力が、リボンにはある気がするのです！

市販のお菓子を小さなビニール袋に詰めて、リボンを付けるだけで、とってもかわいいプチギフトに。

以前、友人にお礼を渡す際に、小さなキャンディを詰めたものを添えたら「メインよりおまけがかわいくて楽しみ！」なんて嬉しい言葉を言ってもらえました。「ほんの気持ち」を、リボンは引き立てくれます。

私がリボンを購入する場所は様々で、手芸店、雑貨屋、それに今は100均でもかわいいものが売られています。

気軽に日常に取り入れて、楽しんでみてはいかがでしょう？

袋の中身とリボンの色を合わせてまとめると、簡単にかわいらしく仕上げることができます。

❷ きゅうりを別の食材で代用してみても楽しい

きゅうりリボンは、P118の「ヤングドーナツでブタさん」のネクタイで使用しているフルーツモンスターでも作ることができます。

ほかには「なると」バージョンも。普段作っている野菜炒めやラーメンが華やかに変身します。昼や夜ごはんなどで試してみても楽しいかもしれません。

なんだか元気が湧いてくる!
お日様マフィン

原型が丸いイングリッシュマフィンとは思えないほどの大変身です。半熟目玉焼きを、周りのパンに絡めて食べるのがおすすめ。

材料（1人分）
- イングリッシュマフィン…1/2個
- 卵…1個
- 油…適量
- パセリ
- 粉チーズ
- 黒胡椒
- 塩

＊器は、HASAMI PORCELAIN（ハサミポーセリン）。

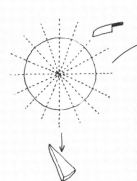

1

マフィンを三角にカット。

マフィンを横半分に切り、1枚を放射線状に16等分にカットする。

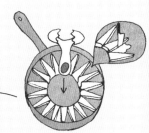

2

フライパンに油をひき、カットしたマフィンを放射状にフライパンに並べて、中央に生卵を落として焼く。

● 中央に目玉焼きのスペースを残して、その周りを円状に取り囲むように、カットしたマフィンの尖った部分を外側に向けて並べる。

● 円の外側にはみ出た白身部分は、トゲトゲのマフィンに沿ってナイフを押し当ててカットする。

3

目玉焼きにマフィンがしっかりくっ付いたら、フライ返しにタマゴ部分を乗せて移動する。

焼けたら、お皿に盛り付けて、トッピング。

お好みで、塩胡椒とパセリ、粉チーズをぱらぱら。

ビーツのピューレを混ぜたホットケーキミックスで焼いたら、やさしいピンク色になりました。さくらんぼの色ともリンクしています。

材料 （約10cm5枚分）

- ホットケーキミックス
  …100g
- 牛乳 …70ml
- 卵… 1/2個
- ビーツピューレ
  … 小さじ2〜3
- バター… 適量
- ホイップクリーム
- さくらんぼ
- 粉糖

＊器は、iittala(イッタラ)のTeema(ティーマ)、ライトブルー（プレート）17cm廃盤。

Episode_09
ビーツの魅力

ビーツは、見た目がカブや大根に似ているけれど、ほうれん草と同じ仲間の野菜。栄養価が高いことで知られています。

私にとっての一番の魅力は、なんと言っても「色」です。鮮やかな赤色は見ているだけでウキウキします。

水煮、塩入り、酢漬けとメーカーによって様々な商品がありますが、私が愛用してるFELIX(フェリックス) は酢漬けの瓶入り。

ビーツ、少量の酢漬け液（もしくは水）をブレンダーにかけてピューレ状にする。

ビーツピューレの量で色の濃さを調節。小さじ2〜3くらいだと、特に味は変わらない。

ホットケーキミックスを混ぜたら、ビーツピューレを加えてさらに混ぜる。

中心に

おたま一杯分を目安にすると、大体同じ大きさに焼ける。私が使ってるのは少し小さめの30mlのおたま。

フライパンの中心を意識して生地を落とすことで、綺麗な丸い形になる。

フライパンにバターを溶かして、ホットケーキを焼く。

昔購入した「粉糖ふり器」。詰め替えができるので長年愛用しています。これと同じ商品は今は売っていないようですが、「粉糖ふり器」と検索すると、専用容器が見つかると思います。

焼けたら皿に重ね、ホイップクリーム、さくらんぼ、粉糖でデコレーション。

　　　　　　朝ごパンいろいろ

簡単！焼いて乗せるだけ
ズッキーニのグリル

オーブンで焼いたズッキーニを、チーズを乗せてこんがり焼いたベーグルに乗せて。ズッキーニは、オリーブオイル、塩と胡椒で味付け。

材料（1人分）

- ベーグル…1個
- ピザ用の
  ミックスシュレッドチーズ*
- ズッキーニ
- オリーブオイル
- ケチャップ
- 粒マスタード
- 黒胡椒
- 塩

＊使用しているのは、チェダー、モッツァレラのミックスシュレッドチーズ。お好みのチーズでOK。
＊器は、フランスのヴィンテージ。DIGOIN SARREGUEMINES（ディゴワン サルグミンヌ）のもの。ちょうちょの容器は、お菓子の型。

心に折り合いをつけて
うまいことやる習慣

著者：中村恒子（聞き書き 奥田弘美）

「しんどいな」と感じたとき、本書を開いてみてください。
生涯現役を貫くおばあちゃんドクターのしなやかさと強さ、
慈愛に満ちた言葉が、心を元気にしてくれます。

定価 1430円（税込）／ ISBN 978-4-7991-0721-8

74歳、ないのはお金だけ。
あとは全部そろってる

著者：牧師 ミツコ

牧師にして子供4人・孫16人のビッグマザー。
年金7万円の暮らしで、こんなに明るいひとり老後の
秘密とは？

定価 1430円（税込）／ ISBN 978-4-7991-0932-8

何歳からでも 丸まった背中が
2ヵ月で伸びる！

著者：安保 雅博 ／ 中山 泰秀

ズボラ筋トレで背中の筋肉がよみがえる。
リハビリテーション医療の第一線で活躍する2人の
著者による、「慈恵医大リハ式メソッド」大公開！

定価 1320円（税込）／ ISBN 978-4-7991-0838-3

家でも外でも 転ばない体を
2ヵ月でつくる！

著者：安保 雅博 ／ 中山 泰秀

増え続ける高齢者の転倒事故。「慈恵医大リハ式 簡単
トレーニング」で「バランス」「筋力」を強化して、
転ばない体をつくりましょう。

定価 1320円（税込）／ ISBN 978-4-7991-0946-5

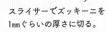

スライサーでズッキーニを
1mmぐらいの厚さに切る。

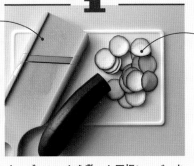

オーブンシートを敷いた天板に、ズッキーニを円状に並べ、オリーブオイルを振り、200℃のオーブンで約10分焼く。

● ベーグルの大きさをイメージしてズッキーニを並べたあと、上にベーグルを乗せて大きさを調整。

● ズッキーニに、ほんのり焦げ目が付くぐらいが、焼き加減の目安。

ピザ用チーズはベーグルの
表面にまんべんなく乗せる。

ベーグルにチーズを乗せて、トースターでこんがりと焼く。

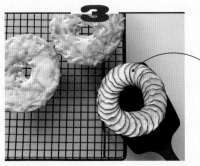

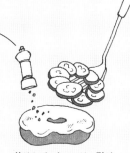

焼けたベーグルの上に、焼いたズッキーニを乗せる。食べるときに、塩胡椒をお好みで振る。

焼けたズッキーニは、形が崩れないようにフライ返しを使って乗せるとよい。

　　　　朝ごパンいろいろ

デコレーションのコツ

Instagramでも質問の多い、描き方、道具をご紹介します。
「失敗しても味は変わらない!」ぐらいの、
大らかな気持ちで気軽に試してくださいね。慣れると簡単です!

ジップ付きミニビニール袋

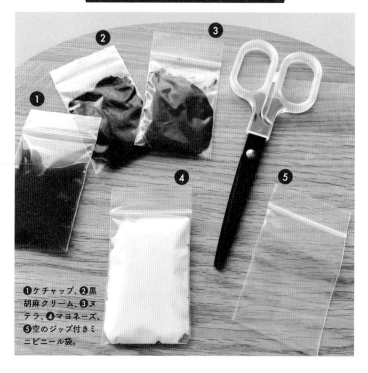

❶ケチャップ、❷黒胡麻クリーム、❸ヌテラ、❹マヨネーズ、❺空のジップ付きミニビニール袋。

本書で何度も登場する、このジップが付いた小さなビニール袋。デコレーションには欠かせません。

ケチャップやマヨネーズ、ホイップクリームなどをこのビニール袋に入れ、角を1mmほどカットして絞り出すと、小さな点や細い線を綺麗に描くことができます。

ケチャップ、マヨネーズ、ホイップクリームは、かたさがゆるすぎず、ちょうどいいので描きやすいです（中に入れるもののかたさがゆるいと、形がとどまらず崩れてしまうので注意）。

力の加減で点や線の太さを自由に変えたり、慣れてくると模様や絵柄を描くこともできます。

ただし、最終目的は食べること。綺麗に描くことにこだわりすぎなくても大丈夫です!

綺麗に模様を描くコツ

点や線などを描くときは、手首を固定して動かさないのが、綺麗に描くコツ。
どうしても動いてしまう場合は、描くほうの手の手首を、もう一方の手で支えながら描く

と、固定されて手先がブレにくくなります。
絵心は必要ありません。点と直線と曲線を駆使すれば、わりとなんでも描けてしまいます。
気軽な気持ちで試してみてください！

 点　指で押す力加減で、点の大きさを調整可能。
強く押すと大きな点に、弱く押すと小さな点になります。

P11　ホイップクリームで。

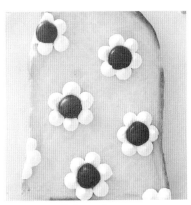

P40　ホイップクリームで。

P43　マヨネーズで。

P64　ケチャップで。

先に跡を付けてからなぞると簡単

いきなり描くのが不安なときは、先に跡（アタリ）を付けてから、上からなぞると簡単です。たとえば、P41の「ピーナッツチョコトースト」のお花は、パンにピーナッツバターを一面塗ったところに、大きさの異なる丸いクッキー型で二重丸のような跡を付けて、それをガイドにチョコレートクリームとホイップクリームで、お花を描いています。

直線　描いてる手に空いてる手を添えると、まっすぐ描きやすくなります。
線の太さは、指で押す力加減で調整。
強く押すと太く、弱く押すと細くなります。

P39　マヨネーズで。

P38　ホイップクリームで。

曲線　手首を動かさないように固定して、一気に描くのではなく、パンの向きを変えながら少しずつ描くと、綺麗に描くことができます。

P41　マヨネーズで。

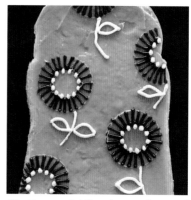

P41　チョコレートクリームとホイップクリームで。

粉糖を茶漉しに入れて表面に振りかけるだけで、簡単に白い模様を付けることができます。クッキングシート（パラフィン紙やグラシン紙でもOK）を使えば、模様のバリエーションを楽しめます。

P54　上から振りかけるだけで雪のような白い模様を付けられる。

P44　細く切ったクッキングシートを等間隔に並べて、上から粉糖を振りかけるとストライプ柄に。

P17　クッキングシートを丸く切り、16等分のピース状にして、そのうちの8ピースを交互に並べ、上から粉糖を振りかける。クッキングシートの切り方は右の通り。

クッキングシートを16等分の ピース状にする方法

Part 3

「お米派」におすすめ！
朝ご飯のアレンジ

朝食には、ほぼ毎日パンを食べていますが、
時々ご飯も食べたくなります。
そして"たまに"のご飯も、パンと同様、
「足し算アレンジ」を楽しんでいます。

とは言っても、黒米や五穀米、押し麦などを
入れて炊いたり、白いご飯に何かを乗せたり混ぜたり
といった簡単なアレンジばかり。

ご紹介する種類は少ないですが、
「朝は、お米派」の方のお役に、
少しでも立てたら嬉しいです。

春がやってきたみたい！
お花畑納豆丼

納豆にいろいろ混ぜて食べるのが好きです。ひと味違った納豆丼を作りたいと思って、お花が咲きほこる華やかな丼にしてみました。

材料

- ご飯
- ひきわり納豆
- 卵焼き
- キムチ
- 小ねぎ
- 新生姜
- ケチャップ
- 白胡麻

*器は、iittala（イッタラ）のTeema（ティーマ）、パウダー（ボウル）21cm。
*箸置きは、益子陶器市で。箸は、京都の市原平兵衛商店の、みやこばし すす竹。

卵焼き

[材料]
卵…2個、砂糖…小さじ2、塩…少々（私は卵1個では作りづらいので、2個で作り、半分を使用して、残りは夕飯のときなどに消費しています）

[作り方]
ボウルに卵を溶きほぐして、材料を合わせ、よくかき混ぜてから、サラダ油をひいた弱火のフライパンで焼き、返しながら長細い棒状の卵焼きを作る。

ひきわり納豆

小ねぎ＋白胡麻

新生姜

キムチ

みじん切りにしたキムチ、新生姜と、小ねぎ＋白胡麻、ひきわり納豆を、ご飯の上にパッチワーク風に乗せる。

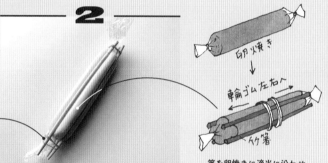

ここで使う箸は、割る必要がない丸い形状の竹箸。卵焼きに、やさしい丸みがついて綺麗な花形に仕上がる。

卵焼きを作ったらラップで巻き、側面に箸を4本、等間隔に沿わせて、両端を輪ゴムで留めて冷ます。

卵焼き

輪ゴム左右へ

竹箸

箸を卵焼きに適当に沿わせて輪ゴムで軽く留めて固定。卵焼きの四隅に、箸の位置が均等にくるようずらしてから輪ゴムをキツくする。

卵焼きが冷めたら、約7〜8mmの厚さにカットして丼に散らし、上にケチャップでデコレーション*。

＊ケチャップを絞るときは、ジップ付きミニビニール袋を使って。

納豆ご飯いろいろ

大好きな納豆を
色とりどりにして食べる

[なるとの渦巻きがポイント]
ちゃんぽん風納豆丼

材料

ご飯、なると、納豆、たくあん、桜大根
（三角に切ってから薄切り）、きゅうり（塩
もみしたもの）

説明

冷蔵庫に余っていた「なると」を使いた
くて考えた納豆丼。色合いは、長崎ちゃ
んぽんを意識しました。なるとには、ピ
ンク地に白い渦巻きだったり（一般的な
ものの逆）、グリーンだったり、いろ
いろあるようですが、関東ではほとんど見
かけることがないので、いつか使ってみ
たいです。

[器が食材を引き立てる]
しましま納豆丼

材料

寝かせ玄米、人参ピクルス、小茄子の漬
物、ひきわり納豆、しば漬け、小ねぎ

説明

淡路島で作られているAwabi ware（あ
わびウェア）というブランドの器。綺麗
なターコイズブルーを活かしたくて作り
ました。具沢山で、おなかいっぱい。茄
子やピクルスが長かったので、その長さ
を活かして、縦のしましま模様に。

おにぎり

日本人のソウルフード

飾り巻き寿司風

【 さくらんぼおにぎり 】

材料

- ご飯
- カリカリ梅
  …2粒
- 野沢菜漬け
- 海苔

作り方

1 ご飯に軽く塩を振り、おにぎり型に詰める。

2 半分に割ったカリカリ梅の種を取り出し、丸みのある側を上にして**1**のおにぎりの上に乗せる。蓋をかぶせてぎゅっと押し、形を作る。

3 おにぎりの周りに海苔を巻く。

4 野沢菜漬けの葉の部分を細く切り、より紐のように指でよって、茎の部分を作る。切った野沢菜漬けの葉を、指で整えて葉の形にする。

5 おにぎりに**4**を乗せる。おにぎりから少しはみ出すように葉を乗せると、かわいく仕上がる。

Episode_10
おにぎり型

おにぎり型は、中にご飯を詰めるだけで綺麗なおにぎりの形を作ることができる便利な道具。私が使っているのは、ボックスにご飯を入れ、上から蓋をかぶせて押すタイプ。様々なタイプの商品が出ているので、使い勝手のよいものを選んでみてください。

朝ご飯のアレンジ

おにぎりプレートいろいろ

〔 山椒おにぎり 〕

山椒ご飯でおにぎり。じゃこピーマン（＊）、厚焼き卵、
ミニトマト、新生姜。じゃこピーマンは、お弁当のお
かずにもおすすめ。

〔 麦ご飯おにぎり 〕

ちりめん山椒を麦と混ぜておにぎりに。卵焼き＋きゅ
うりの塩もみは、最高のおにぎりのお供。美しい器は、
木工作家、濱端弘太さんの作品。

〔 筍ご飯おにぎり 〕

筍ご飯に山椒の葉を添えて。新生姜、塩もみしたきゅ
うりと赤カブ、茄子とピーマンの味噌炒め、厚焼き卵、
好きなものばかり。小鹿田焼の器に乗せると、さらに
おいしそうに見えるから不思議。

〔 しらすおにぎり 〕

しらすと白胡麻を混ぜておにぎり。味付けはしらすの
み。紫蘇酢を絡めた茗荷が、いい感じ。白い花は、は
んぺんを型で抜いて焼いたもの。ソーセージの炒めも
の、きゅうりの塩もみ、卵焼き、ミニトマトと一緒に。

[梅干しおにぎり]

ほうれん草の胡麻和え、だし巻き卵、ソーセージ、茄子の漬物。マッシュポテトをラップで包んで椿風。ピンクのほうはビーツピューレ入り。黄色は薄焼き卵。

じゃこピーマンのレシピ

[材料]
ピーマン3個、ちりめんじゃこ…大さじ1、醤油…小さじ1強、みりん…小さじ1、砂糖…小さじ1、胡麻油…小さじ1

[作り方]
1 ピーマンの種を取って、縦に太目の千切りにする。
2 熱したフライパンに胡麻油を入れ、ピーマンがくたっとするまで炒める。
3 調味料とちりめんじゃこを入れて炒め、水分を飛ばす。

おすすめしたい
おにぎりの具

● 筍ご飯（筍と油揚げを、出汁と醤油と砂糖で煮たもの）
● ちりめんじゃこ＋梅干し＋紫蘇
● ケチャップご飯＋ウィンナー＋コーンを薄焼き卵で巻く
● 塩もみきゅうり＋茗荷＋白胡麻
● 焼鮭＋枝豆
● おかか＋醤油＋チーズ

[鮭おにぎり]

おにぎりと言えば、鮭。鮭がすごく好きです。焼鮭を大きめにほぐしたものをご飯に混ぜて。この器は、Rörstrand（ロールストランド）の「モナミ」。青い花模様が、なんてことないおかずを引き立ててくれます。

　　　　朝ご飯のアレンジ

水玉スパムむすび

兎にも角にも水玉が好き！

定番のスパムむすびを、卵焼きで水玉模様にしました。水玉をほどよく散らすのが、かわいく仕上げるポイントです。水玉って本当にかわいい！

材料
- ご飯
- スパム
- 卵
- 砂糖
- 塩
- 海苔

＊器は、フランスのヴィンテージ。

Episode_11
スパムについて

水玉スパムむすびは、スパムのハーフサイズの容器（高さ1/2）を型にして作っています。スパム以外のランチョンミートの小サイズでもOK。容器がなくてもラップの上に水玉スパムとご飯を乗せてぎゅっと握る方法でも作ることができます。

折りたたむ

卵は半分に

厚焼き卵の分量の目安は、卵1個、砂糖小さじ1、塩少々。卵焼き器の半分の大きさの卵焼きを作ると、ちょうどよい厚さに焼ける。

スパムと卵焼きを、水玉模様になるように同じ丸型で抜く。

スパムを1cm弱の厚さに切り、水玉模様になるように丸型で抜いたら、フライパンで軽く焦げ目が付くくらいに両面を焼く。

＊くり抜いたあとのスパムと、穴の空いた卵焼きは、チャーハンなどの別料理に使用します。

スパムの穴に卵焼きを詰めて、余分な部分をカット。

見切れた部分を作ると、一気に柄っぽく見える。

容器に**2**の水玉スパムを入れ、その上にご飯を詰めてスプーンで軽く押さえ形を付ける。容器をひっくり返し、トントンと型の底を叩きラップごと取り出す。

下にラップを敷いてからスパムとご飯を詰めると、容器から取り出しやすい。

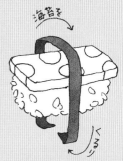

海苔を

くるり

取り出したら、形を整えて、1cm幅に切った海苔を巻く。

食材で図工教室

食材を様々な形にナイフでカットしたり、型で抜いたり。
これらの発想は、食材そのものの自然の色や形があるからこそ。
食材をよく観察して、食材が持つ"よさ"をうまく活かしてあげましょう。

食材を"変身"させる楽しさ

「おいしい」という一番の条件に、「かわいい」「楽しい」という遊び心が加わると、料理を作ったり食べたりすることが、少し特別なものになる気がします。
たとえば、スライスチーズをパンに乗せて食べる場合、四角いまま乗せても、もちろんよいのですが、花型で抜いて乗せるというひと手間をかけるだけで、見た目の印象が変わり、

驚きやワクワク感が生まれ、食欲が増すことがあります。
このワクワク感を味わいたくて、食材を変身させることに、いつからか夢中になりました。
日々アイデアが浮かぶので、まだまだこの先も楽しめそうです。私にとって食材を使っていろいろな形を作り出すことは、もはや趣味と言ってもいいかもしれません。

形を作るときに使う主な道具

クッキー型、ペティナイフ、竹串、爪楊枝、輪ゴム、ストロー、おにぎりケース、サランラップ…

知っておくと便利な基本テクニック

【花を作る方法】
型で抜く。スライスして組み合わせる。ケースに詰めて形作る…
【メシベやオシベを作る方法】
ケチャップ、マヨネーズ、ホイップクリームでデコレーション。型を抜く…

【葉を作る方法】
緑の野菜や果物を葉の形にカット。レタス、パセリなどをちぎる。指で整形…

P89　パンやスライスチーズを型で抜き、花やメシベの形に。

P18　花は苺のスライス。葉はキウイをカット。

P14　花型ケースにご飯を詰めて、花の形に。

P67　野沢菜漬けを切り、指でよって葉と茎の形に。

抜き型いろいろ

抜き型を選ぶときのポイントは、シンプルにかわいいかどうか。

ステンレス製は錆びにくいので、扱いがラクです。

上半分がアメリカのAteco（アテコ）のもの。下半分が100円ショップのもの。丸、星、ハートなど、使用頻度の高い型のサイズが豊富なので揃えやすいところが100円ショップのいいところ。

ドイツの老舗製菓道具ブランドSTADTER（スタッダー）のクッキー型。高品質なステンレス製。シンプルなものから楽しいデザインまで種類が豊富。

型抜きの具体例

抜き型の形だけでなく、型を組み合わせて新しい形を作ってみるのも楽しい。型以外にも

ストローのような穴を空けられる道具があるので、それを見付けるのもおもしろいです。

P34　楕円と丸型を組み合わせ、ナイフで微調整して苺の形に。苺ジャムに白胡麻とピスタチオで。

P33　ストローで開けた穴で、ぶどうの小さな実を表現。いくつもの穴を組み合わせると房が完成。

フォロワー様から「どのようにアイデアが思い付くのですか?」と、質問をいただくことがあります。
私の中では、特別なことをしてるつもりがまったくないため、気の利いた返答ができない自分に、毎回もどかしくなってしまいます。

あえて言うのであれば、私の発想のヒントは「目にするものすべて」かもしれません。

昔からかわいいものが大好きで、ものを見たときに、「これで何ができるかな」「どう足し算したら、もっとかわいくなるのかな」などと無意識に考える癖があり、それがパンアートの発想につながっているような気がします。
たとえば、P42の動物パンは、パンの形がクマに見えてきてクマパンを思い付きました。栗の渋皮煮を見ていたらクマの毛並が思い出され、クマトーストが生まれました。

改めて考えると、常日頃から、空、山、木、花といった自然のものから、建物、信号機、車など生活に関わるものまで、目にするものすべてにおいて「共通点」を探しながら無意識に見ていることが多い気がします。

ひょっとすると、こうしたものの見方がアイデアの源になっているのかもしれません。

P42　栗の渋皮煮がクマの毛並みに見えたので、クマトーストが誕生。

P42　パンの形がクマに見えたので、クマパンが誕生。

食材を慈しむ気持ちを大切に

実は、私の朝ごはんの食材は、タイムセールの売れ残り品だったり、少し傷み始めた値引き品であることが多かったりします。
朝ごはんを作るときは、食材を救済する感覚で、食材への慈しむ気持ちを大切にしながら食材を変身させています。

すると、ちょっとだけいいことをした気持ちにもなって、心が満たされるのです。
私に、いろいろなインスピレーションを与えてくれる食材の数々。これからも、食材の"よさ"をなるべく活かせるように意識しながら、新しい作品を作っていきたいと思っています。

Part 4

プレートの可能性に挑戦！
組み合わせは自由自在

「朝はしっかり食べたい！」「朝は胃が受け付けない…」
いろいろなご意見があるかと思います。
私自身も、体調や気分によって様々です。

もりもり食べたい朝は、
「パン＋サラダ＋スープ＋スイーツ or ヨーグルト」
などのボリューム満点な組み合わせを。
食が進まない日には、スープだけでも…。

本章では、いろいろな
朝ごはんプレートをご紹介します。
お好みのワンプレートを見付けてみてください。

お手軽フードの定番にプラスα
サンドイッチプレート

[きゅうりのはみ出し具合がかわいい]
フリルサンド

きゅうりのフリルサンドイッチ。カブと新玉ねぎのスープ、苺ソースを乗せたミルクプリンを添えて。なんだかおままごとみたいな朝ごはん。

材料 （1人分）

- サンドイッチ（サンドイッチ用食パン…1枚、きゅうり、マヨネーズ、粒マスタード）
- スープ（カブ、新玉ねぎ、牛乳、コンソメ、塩胡椒、パセリ）
- ミルクプリン（牛乳、粉ゼラチン、砂糖、苺ソース（P104参照））
- 付け合わせ（キャンディチーズ、黄ミニトマト）

＊器は、ARABIA（アラビア）のKoKo（ココ）。

Episode_12
苺バージョンもおいしい

きゅうりの代わりに苺のスライスを挟んでもOK。苺のフリルサンドの味付けは、生クリームで。

食パンの表面に、マヨネーズと粒マスタードを塗る。きゅうりをスライサーで輪切りにする。

きゅうりをくっ付けるための「のり」代わりに、マヨネーズをまんべんなく塗る。粒マスタードはお好みで。

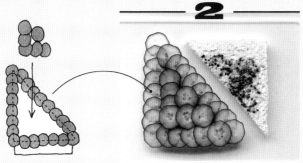

きゅうりの半分が、食パンから均等にはみ出るように並べる。

食パンにきゅうりをはみ出るように並べ、その上に、もう1枚の食パンをかぶせる。

スクエア型も
かわいい

パンを横長に置いて切り、絵カードのようにデコレーションしても楽しい。苺サンドの文字は苺で、きゅうりサンドの文字はスプラウトで作っています。

組み合わせは自由自在

サンドイッチプレートいろいろ

簡単なのにカフェの味
サーモンサンドプレート

材料

サンドイッチの具（スモークサーモン、きゅうり、ディル、クリームチーズ）

説明

残り物野菜で作ったスープ。ブロッコリーの芯、紫キャベツの芯、紫玉ねぎの色が薄い部分、じゃがいも、人参、大根、マッシュルーム…。予想外の色に驚いたけれど、味はちゃんとおいしかったのでヨシとします！

体が喜ぶグリーン
緑色だらけプレート

材料

サンドイッチの具（きゅうり、マヨネーズ、粒マスタード）

説明

ジェノベーゼパスタ、芽キャベツのオリーブオイル焼き、大根のカッテージチーズサラダ、ゆで卵ときゅうり、青りんご。緑色の食材をふんだんに使ったワンプレート。ゆで卵の上に輪切りのきゅうりを並べると、お花みたいでかわいい。

アボタマ サンドプレート

材料

サンドイッチの具（卵、アボカド、マヨネーズ、塩胡椒）

説明

タマゴサラダ（P8参照）に、アボカドをプラスしたら、クリーミーでおいしいサンドイッチになりました。人参ポタージュ、野菜サラダ、キウイを添えて。紅芯大根のピンク色がアクセントに。

ちょうちょが今にも羽ばたきそう

黄色だらけプレート

材料

サンドイッチの具（卵、マヨネーズ、塩胡椒）

説明

黄パプリカとツナの粒マスタードサラダ、kiriクリーミーオニオン、黄ミニトマト、バナナ、ヨーグルト＋柚子ジャム。色を意識して食材を選ぶのも楽しいです。あとになって「コーンもあった！」と気付いたり…。

野菜たっぷりヘルシーに！
朝ごパンプレート

【 食パンを花びらに見立てて 】
花かごキッシュ風

パイ生地の代わりに、サンドイッチ用食パンを使って、お手軽キッシュ風。たっぷり添えた野菜サラダのポイントは、紫玉ねぎの美しい断面です。

材料（1人分）

- サンドイッチ用食パン…2枚
- キッシュの卵液（卵、牛乳、塩、胡椒）
- キッシュの花（ソーセージ、黄ミニトマト、きゅうり、マヨネーズ、ケチャップ）
- サラダ（レタス、きゅうり、スプラウト、紫玉ねぎ、粒マスタード入りマッシュポテト、苺、ドレッシング）

＊器は、フランスのASTIER de VILLATTE（アスティエドヴィラット）のもの。

1枚のサンドイッチ用食パンに、約3cm
の切り込みを4箇所に入れる。

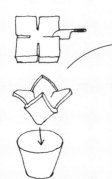

底にパンの中心をぎゅっと
押し込む感じで詰める。

オリーブオイルを全面に塗ったプリンカ
ップに、1の食パンを詰めて花の器を作
る。その中に、コーン、卵液、チーズの
順に入れ、オーブン200℃で約10分焼く。

焼いている途中でパンに焼
き色が付いたら、焦げ防止
用にアルミホイルをかぶせ
る。

焼けたら花の器をカップから取り出し、
ソーセージとミニトマトのお花と、葉の
形に切ったきゅうりを乗せる。

ソーセージに切り込みを入
れて火を通し、ケチャップ
でデコレーション。トマト
にはマヨネーズで。

組み合わせは自由自在

カラフルなプレートで定番朝ごはん
目玉焼きトースト

材料

食パン、卵、塩胡椒、粒マスタード、レタス、きゅうり、スナップエンドウ、ソーセージ、ミニトマト、コーヒー、牛乳

説明

映画「気狂いピエロ」（ジャン＝リュック・ゴダール監督の赤と青の色使いが印象的な映画）を観た次の日の朝ごはん。映画の内容とは全く関係ないメニューですが、観たことのある人には伝わるかも？器はいずれも、iittala（イッタラ）のTeema（ティーマ）。ライトブルー（マグ）300mℓ、ハニー（ボウル）15cm、レッド（プレート）17cm。

焼き目をカゴ模様に見立てて
花かごマフィン

材料

イングリッシュマフィン、スライスチーズ、レタス、きゅうり、ゆで卵、ソーセージ、スプラウト、ケチャップ、マヨネーズ

説明

マフィンを半月形になるようカットし、スライスチーズを挟む。ホットサンドメーカーで焼き目を付けて皿に盛り、レタス、きゅうり、ゆで卵、ソーセージなど、朝ごはんの定番を盛り付けて花かご風に仕上げる。器は、iittala（イッタラ）のTeema（ティーマ）、パウダー（プレート）17cm。

エッグベネディクトマフィン
赤いお花がポイント

材料
イングリッシュマフィン、ベーコン、卵、バター、マヨネーズ、赤パプリカ、ディル、レタス、きゅうり、ミニトマト

説明
焼いたマフィンの上に、ベーコン、ポーチドエッグを乗せ、卵黄、バター、マヨネーズで作ったオランデーズソースをかける。赤パプリカ（型で抜く）とディルでお花を作って完成。器は、ベルギーのヴィンテージBOCH（ボッホ）。カトラリーは、イギリスのDAVID MELLOR（デビッド メラー）。

押し麦サラダ
お花畑に浮かぶ島のよう

材料
パスコのウィートナゲッツ（小麦全粒粉パン）、ゆで卵、押し麦、きゅうり、人参、枝豆、紫キャベツのピクルス、オリーブオイル、レモン汁、塩胡椒、クミン

説明
野菜たっぷりの押し麦サラダに、紫キャベツのピクルスを入れたら、綺麗なピンク色になりました。味付けは、オリーブオイル、レモン汁、塩胡椒、クミン。器は、ARABIA（アラビア）のヴィンテージ。実は、スープ皿です。

組み合わせは自由自在

ほうれん草のスープと一緒に
明太マヨトーストのプレート

ひと皿に、スープ、サラダ、パンが乗ったワンプレートは、大人用のお子様ランチみたいでワクワクします。洗い物の手間が省けるという利点も。

*器は、ARABIA（アラビア）のSunnuntai（スンヌンタイ）。26cmのプレートは、スープを乗せるのにちょうどいいサイズ。

材料

- トースト（食パン、明太子、マヨネーズ、スライスチーズ、ミニトマト、青じそ）
- スープ（ほうれん草、牛乳、コンソメ、塩胡椒、パセリ、生クリーム）
- 付け合わせ（レタス、きゅうり、ゆで卵、人参マリネ、キャンディチーズ）
- デザート（ヨーグルト、レッドキウイ）

説明

明太マヨを塗ったトーストにチーズ＆ミニトマト＆青じそのお花を乗せて。ほうれん草スープに生クリームを落とす。

Episode_13
並べ方のポイント

ワンプレートの配置を考えるときは、具材の色、素材、形をバラバラに配置するのがおすすめ。たとえば、トマトの赤と人参の赤は近いから、隣り合わせにならないように離して置く、千切り同士は隣に置かない、など。

苺ソースマフィンのプレート

材料

イングリッシュマフィン、苺ソース、カリフラワーとキャベツのポタージュ、レタス、きゅうり、人参マリネ、紫キャベツ酢漬け、ゆで卵、ぶどう、苺

説明

私の中で、朝ごはんの王道の組み合わせプレートです。シンプルで食べ慣れたメニューは、なんだかホッとします。食材の色にはなかなか見かけない「青」を器の色でプラスすると、野菜のカラフルさが一段と際立って元気いっぱいなひと皿に。

グリーンブレッドのプレート

材料

バナナほうれん草ブレッド、タコとしめじのトマト煮、パセリ、レタス、きゅうり、玉ねぎ、トマト、ラディッシュ、人参マリネ、ゆで卵、マヨネーズ、いよかん

説明

定番のバナナブレッドに、ほうれん草のピューレを入れたら美しいグリーンに仕上がりました。優しい甘さです。タコとしめじのトマト煮込みをスープ代わりに。ブラックオリーブ、トマト缶、白ワインで煮込みました。

組み合わせは自由自在

彩りスープ

赤色のスープ

パプリカスープ

赤パプリカ、セロリ、玉ねぎで作った
美しい色のスープ。自然の色にうっと
りしてしまいます。飾りは、イタリア
ンパセリとマヨネーズ。バゲットには
カマンベールチーズと純胡椒（生胡椒
を塩水漬けにした「仙人スパイス」の商品）
をトッピングしました。器は、ARABIA
（アラビア）のKoKo（ココ）。

ハートポタージュ

ビーツ、カリフラワー、ブロッコリー
の芯、ズッキーニ、玉ねぎ、コンソメ、
牛乳で作ったスープ。ハートは型で抜
いたスライスチーズ。型抜きサンドは
「L→ハムチーズ」「O→ブルーベリージ
ャム」「V→バジルマッシュポテト」
「E→マーマレード」。愛が溢れていま
す！

かぼちゃポタージュ

かぼちゃ、人参、玉ねぎのスープ。スープに乗ったお花はスライスチーズ。5枚花びらがあるお花は、花型で抜いたあと、真ん中にストローで穴を開けました。飾りはパセリとマヨネーズ。チーズと同じ花型で抜いたタマゴサンドを添えて。

白アスパラのポタージュ

白アスパラ、玉ねぎ、じゃがいも、小松菜の茎で、スープ。ビーツスープ、マヨネーズ、小松菜の葉で、お花。バターを塗って焼いたパンに、スライスチーズとマヨネーズで、ちょうちょ。器は、ARABIA（アラビア）のヴィンテージ。

人参ポタージュ

人参と玉ねぎ、牛乳で作ったポタージュに胡椒を振って。ハム入りグリルドチーズサンドに乗った人参は、細長いミニトマト。人参の葉はカーリーケール。うさぎは型抜きしたスライスチーズ。おしゃべりが聞こえてきそう。

栗の豆乳ポタージュ

栗とかぼちゃで作った豆乳ポタージュ。味付けは塩のみ。ナッツを散らして。炒めたベーコン、舞茸、マッシュルームをローズマリーで風味付けして、チーズトーストに乗せました。器は、ARABIA（アラビア）のヴィンテージ。

組み合わせは自由自在

紫色のスープ

コスモスープ

カリフラワー、玉ねぎ、紫キャベツで
紫色のスープ。紫キャベツを入れる前
の白い状態のスープを少しだけ別に取
り置いて、紫色のスープに白い水玉を。
さらにミックスビーンズを散りばめて
宇宙をイメージ。

雨空ポタージュ

紫芋、玉ねぎのスープに、マヨネーズ
で雨粒を。レーズンがぎゅうぎゅうな
食パンに、スライスチーズとマヨネー
ズで傘。雨降りの寒い1日を、楽しい
気持ちで過ごせますように。

Episode_14
マッシュポテト粉

目分量でスープを作ることが多
いため、水分が多すぎてトロミ
が足りないこともあります。
そんなとき重宝するのがマッシ
ュポテト粉！
スプーン1杯くらいを粉のまま
入れると、あっという間にトロ
トロ〜。おすすめです。

白色のスープ

苺柄スープ

カブのポタージュに描いた苺は、ビーツスープ、パセリ、白胡麻で。「苺柄トースト（P38参照）」をスープにアレンジしました。赤、緑、白の食材がそろえば、何にでも苺を表現できるかも？

カブとセロリの豆乳スープ

マッシュルームスープな雰囲気ですが、実は、カブとセロリの豆乳スープ。スープの上にはホワイトマッシュルームのスライスを円状に並べて。真ん中の赤い粒はピンクペッパー。パンには手作り苺ジャムを塗って。

雪の結晶ポタージュ

カブ、カリフラワー、玉ねぎ、牛乳、コンソメで作ったポタージュ。上に乗った雪の結晶は、スライスチーズ、マヨネーズ。パンの上の雪だるまは、スライスチーズ、ラディッシュ、人参、海苔、マヨネーズ。チーズは型抜き、帽子のラディッシュはナイフでカット。

カリフラワースープ

大好きな野菜のひとつ、カリフラワー。ブラウンマッシュルームをトリュフ気分でパラパラ。スープをあっさりに仕上げたので、リベイクした冷凍パンには、バターをたっぷりと。丸パンで作るフリルサンドは、お花みたいです。

組み合わせは自由自在

【 一輪挿しスープ 】

テレビで偶然見た「水に浮かべる一輪挿し」に一目惚れ。それをイメージして、可憐なお花サラダを小さなラスクに乗せてスープに咲かせました。

材料

- スープ（ブロッコリー、小松菜、玉ねぎ、牛乳、塩胡椒）
- お花サラダ（豆苗、人参、ひとくちモッツァレラ、バジルソース、マヨネーズ）

一輪挿しの作り方

1 クラッカーにバジルソースを塗り、半分に切った、ひとくちモッツァレラの切り口を下にして乗せる。

2 豆苗の葉を、花の葉に見えるような長さにカットし（約6㎝を目安）モッツァレラに刺す。

3 薄切りにして花型で抜いた人参の中央に、竹串などで穴を開け、豆苗の茎の先端を刺して花に見立てる。

人参の花の中央から突き出た豆苗の茎の上に、マヨネーズでメシベを描く。

＊器は、ARABIA(アラビア)のヴィンテージ。

[[マッシュルームのお花スープ]]

マッシュルーム、しめじ、カブ、カリフラワー、玉ねぎ、チャービル、ビーツ、豆乳、生クリームでスープ。飾りは、スライスチーズ、チャービルの茎、ミント。真ん中の赤い丸と水玉は、ビーツのピューレ。薄グリーンのスープにピンク色が映えます。

[[ちょうちょの草原野菜スープ]]

ブロッコリー、じゃがいも、人参、玉ねぎ、蓮根。冷蔵庫の在庫整理にスープをコトコト。スープに乗ったちょうちょの羽は、オーブンで焼いた蓮根チップス。デコレーションはマヨネーズ。どんな野菜の組み合わせでも、スープにしたらおいしく変身！

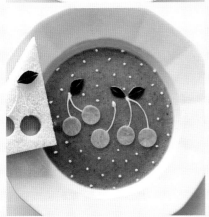

[[ズッキーニのさくらんぼスープ]]

ズッキーニ、ブロッコリー、カリフラワー、玉ねぎのスープ。さくらんぼは、ハム、ズッキーニの皮、マヨネーズでできています。水玉はマヨネーズ。

[[ロマネスコのポタージュ]]

ロマネスコ、じゃがいも、玉ねぎのスープ。バタートーストに、断面が美しい、いちじくのスライスを乗せました。生ハムを添えて塩味をプラス。

組み合わせは自由自在

【 和風セット 】

朝ごはんの楽しみ方が広がる!
豆皿セット

ずっと気になっていた
「豆皿」の存在。ちょっ
とやってみようかと数枚
購入してみたら、とって
も楽しいことが判明しま
した!

❶ 雑穀米のたらこおにぎり
❷ 冷奴（絹ごし豆腐、ねぎ、醤油）
❸ オクラの胡麻和え
❹ 人参マリネ
❺ 厚焼き卵
❻ トマト
❼ フルーツヨーグルト
　（ヨーグルト、さくらんぼ、ブルーベリー）
❽ 豚肉とピーマン炒め

[洋風セット]

① ゆで卵
② サラダ（サニーレタス、きゅうり、人参マリネ、
　 ミニトマト、マヨネーズ＋パプリカパウダー）
③ 紫芋ポタージュ＋生クリーム
④ フルーツヨーグルト
　 （ヨーグルト、キウイ、苺、ブルーベリー）
⑤ ソーセージ＋粒マスタード
⑥ スコーン
⑦ メープルシロップ

Episode_15
豆皿の購入先、
実は…

これらの豆皿はすべて100均食器！ちなみに、P125の貝や、きのこの箸置きも100均。工夫すれば、低コストでも、かわいいは作れます！
ひと口に豆皿と言っても、作家さん作の高価なものから、100均で手に入る安価なものまで様々。手を出しやすいものから、ちょっとずつ集めていこうと思います。

　組み合わせは自由自在

【 おやつセット 】

小さなタルト型を豆皿の
ように使うのも楽しいひ
と工夫だと思います。本
来の用途以外にも、わり
と使い道があるもの。
日々、発見です。

並べるポイント

海外のチョコレートやキャンディには、かわいいものが多
いですよね。そんなカラフルなお菓子を、フランス製のか
ごにタルト型を並べて乗せてみました。
タルト型は、たいてい円形。ちょうちょ型や家型などは特
別です。容器の型にバリ
エーションがないときは、
お菓子自体にバリエーシ
ョンを持たせます。
お菓子の形状、大きさ、
色を変えて変化を付ける
と、楽しい印象に変わり
ます。

豆皿あそびのすすめ

豆皿初心者の私が、見よう見まねで使ってみて、自分なりに感じたことや
気付いたことをまとめました。声を大にしてお伝えしたいことは
「こんなに楽しいなら、もっと早く使えばよかった」です。チャレンジしてよかった!

❶ 背の高い皿は奥、低い皿は手前に

豆皿を並べるときは、皿の色、素材、形をバラバラに配置し、背の高い皿を奥、低い皿は手前に置くとバランスよく見えます。たとえば、濃い色の器、ガラスの器が2つずつあったら、隣り合わせには置かず離して置きます。

❷ 一つにまとめて一体感を出す

細々としたものを食卓に並べるときは、下にトレイなどを敷いて一つにまとめるとスッキリ見えます。たとえば、P94はiittala（イッタラ）の木製の楕円プレート、P95は100均のプラスチック製の水玉プレート、P96はフランス製のかご。下に敷くものとしては、これ以外に、リネン、ペーパーナプキンなどもおすすめです。

❸ おままごと感覚で楽しめる

サイズが小さく収納場所を取らないところや、手頃な値段で手に入れられるところ、分離できて味が混ざらないところが、豆皿のいいところ。豆皿は、形や柄などバリエーションが豊富。いろいろな器の種類が集まると、乗せるものや盛り付け方の可能性が広がり、考えることが楽しくなります。まるで、おままごとのような感覚!

❹ 柄入りの器への抵抗感が減る

「柄入りの器は料理を合わせるのが難しそう」と思う方もいらっしゃるかもしれません。でも、豆皿の場合、大きな器と比べて、あまり気にしなくても大丈夫です!器の面積が小さいので、料理を置くと、見える柄の面積が小さくなり、さほど柄が目立たなくなります。ちなみに、豆皿ではなく大きめの器の場合、少し主張が強い癖のある器（縁に華やかな装飾があったり、全面に柄があるものなど）を使うときは、ワンプレートで使うのがおすすめです。パン、サラダ、スープなどで器の中身をにぎやかにすると、器の主張が緩和され、意外と柄が気にならなくなります。

フレークの上に咲いた花
苺の大輪フレーク

フレークは牛乳をかけた
ら急いで食べて、カリカ
リとした食感を楽しみた
い派です。豆乳にしたり、
ヨーグルトをかけたりも
します。

材料

● フレーク（玄米フレーク、苺、
ぶどう、牛乳）

● サラダ（レタス、きゅうり、
ラディッシュ、黄トマト、ミ
ニトマト、ゆで卵、生ハム、
ドレッシング）

説明

苺は、縦に半分に切って
から小さくカット。放射
線状に並べて、中央にぶ
どうを乗せました。

フルーツいろいろフレーク

ハート型のりんごがポイント

材料

玄米フレーク、りんご、苺、ぶどう、ブルーベリー、バナナ、牛乳

説明

フルーツたっぷり。皮付きのままハート型で抜いたりんごを真ん中に。色とりどりのフルーツをふんだんに使った、朝から嬉しくなっちゃうひと皿です。

苺のお花畑フレーク

大好きな苺を存分に味わう

材料

苺味のコーンフレーク、苺、ホイップクリーム、牛乳

説明

苺味のコーンフレークは、季節限定販売なので、毎年楽しみにしています。P19で紹介した「苺のお花パン」の苺花をたくさん乗せて華やかに。

組み合わせは自由自在

色別おすすめ食材

基本に「おいしく食べたい」という思いがあるので、
味の組み合わせには配慮しています。
重要なのは、見た目よりも味なので、たとえば、
甘い味のトーストに白い線を描きたいときはホイップクリームや粉糖を、
塩辛い味のトーストにはマヨネーズでデコレーションをするなど、
味の方向性を統一するようにしています。

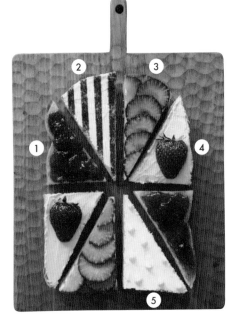

赤色のセパレートトースト

❶バター＋手作り苺ジャム。❷クリーム
チーズ＋ラズベリーパウダーのストライ
プ。❸ホイップクリーム＋苺スライス。
❹クリームチーズ＋ラズベリーパウダー
＋苺。❺クリームチーズ＋ホワイトチョ
コチップ。以上、苺づくしの5種類。ス
ライスした苺は、パンに合わせて切って
から乗せています。

紫色のセパレートトースト

❶クリームチーズ＋紫芋パウダーのスト
ライプ。❷バター＋ハスカップジャム。
❸ホイップクリーム＋ハスカップジャム。
❹クリームチーズ＋紫キャベツマリネ。
❺クリームチーズ＋ブルーベリー。以上
5種類。ブルーベリーはパンに合わせて
切ってから乗せています。

色別おすすめ食材

赤 苺、苺ジャム、さくらんぼ、トマト、赤パプリカ、ラディッシュ、ビーツ、ケチャップ…

黄 卵、黄トマト、黄パプリカ、コーン、柚子、スライスチーズ…

紫 ブルーベリー、ハスカップ、紫キャベツ…

緑 レタス、きゅうり、ブロッコリー、パセリ、ピスタチオ、キウイ、ディル、ローズマリー…

白 ホイップクリーム、白あん、クリームチーズ、ホワイトチョコレート、マヨネーズ…

黒 海苔、黒胡麻、黒あん、チョコレート…

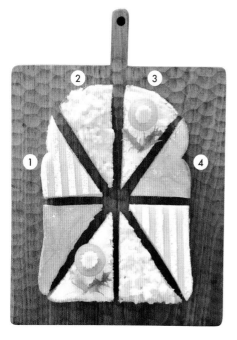

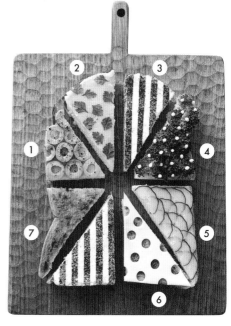

黄色のセパレートトースト

❶白あん＋粉糖。❷タマゴサラダ。❸クリームチーズ＋黄ミニトマト＋ヤングコーン＋フリルレタス＋マヨネーズ。❹バター＋柚子ジャム。以上4種類。

緑色のセパレートトースト

❶オリーブオイル＋グリーンオリーブ＋黒胡椒。❷マッシュポテト＋バジルソース＋チャービル。❸クリームチーズ＋粉糖＋抹茶パウダー。❹バター＋ブロッコリー＋マヨネーズ。❺バター＋きゅうり。❻バジルソース＋型抜きスライスチーズ。❼バター＋バジルソース。以上7種類。

至福のスイーツ!
アサカシで贅沢気分

朝に食べるお菓子「アサカシ」。
この言葉の存在をInstagramで知ったとき、
朝から甘いものを食べたいと思う人が、
自分以外にもいることを知って嬉しくなりました!

カロリー面が、ちょっぴり気になるけれど、
大好きなスイーツを朝から口にしたら、
1日を頑張るパワーが湧いてきます。

毎朝というわけにはいきませんが、
時々は「アサカシ」を取り入れて、
自分をご機嫌にしています。

甘い誘惑にテンションが上がる！
苺ヨーグルトパフェ

朝からパフェが食べられるなんて！子どもの頃だったら夢のようです。レンジで作る苺ソースは、思い立ったらすぐできて便利です。

材料

- ヨーグルト
- 玄米フレーク
- 苺ヨーグルトアイス
- 苺ソース
- フロマージュ・ブラン
- 苺
- ピスタチオ
  （製菓用を細かく砕いたもの）

＊器はアメリカのヴィンテージ。

レンジで作る苺ソース

[材料]
苺…200g（大きなものは四つ割、小さなものは半割）、グラニュー糖…大さじ4、レモン汁…小さじ1

[作り方]
すべての材料をボウルに入れてレンジでチン（詳しくは、次ページを参照）。

苺ソースを作る。耐熱性ボウルに材料を
すべて入れ、ラップをふんわりかけて
600Wのレンジに4分かける。

苺、グラニュー糖、レモン
汁をボウルに入れてレンジ
にかける。吹きこぼれ防止
のため、大きめのボウルが
おすすめ。

ボウルを一度取り出し、スプーンで軽く
混ぜ、再度レンジに3分かける。泡状の
灰汁をすくい取ったら完成。

3分レンジにかけて灰汁を
取ったあとの状態。熱いう
ちはサラサラだが、冷める
と多少とろみが付く。

❶フロマージュ・ブラン
❷苺ヨーグルトアイス
❸玄米フレーク
❹ヨーグルト
❺苺ソース

最後に苺を乗せて、ピスタ
チオを散らして完成。

器に、苺ソース、ヨーグルト、玄米フレ
ーク、フロマージュ・ブラン、苺ヨーグ
ルトアイスの順に盛り付ける。

型に注いで冷やすだけ
簡単!型プリン

【 一度に2通りの楽しみ方 】
おめかしプリン

フルーツのお花畑の中に、蝶のプリンを乗せて。丸プリンの上にはチョコで模様を描いたお花のクッキーを乗せて。簡単、かわいい、楽しい!

*器は、iittala(イッタラ)のTeema(ティーマ)、パウダー(プレート)17㎝、セラドングリーン(プレート)17㎝廃盤。

材料
● プリンミクス*
● お湯
● 水

作り方
ボウルにプリンミクスを入れ、お湯を加えてよく溶かす。さらに水を入れて混ぜ、型に注ぎ、冷蔵庫で1時間以上冷やす。

*ハウス食品の商品パッケージに記載の分量に合わせて作ってみてください。

【左の器】
[材料] キウイ、いちじく、マンゴー、ブルーベリー
[作り方] フルーツを細かく切り、少量でも華やかにかさ増し。

【右の器】
[材料] 花形のクッキー、板チョコ、黄色のマーブルチョコ、ミントの葉、ホイップクリーム
[作り方] クッキー上の茶色い線は、板チョコを小さく割り、ジップ付きミニビニール袋に入れ、湯煎で溶かしてから描く。器の白い点はホイップクリーム。同様に、袋に入れてデコレーションしたもの。

かわいすぎて食べるのに戸惑う
コーヒー味のクマプリン

材料
- プリンミクス
  …2箱（55g×2）
- お湯…300㎖
- インスタントコーヒー
  …小さじ2
- 水…100㎖

作り方
ボウルにプリンミクスを入れ、お湯とインスタントコーヒーを加えてよく溶かす。さらに水を入れて混ぜ、型に注ぎ、冷蔵庫で1時間以上冷やす。

プリンカップでバリエーションを楽しむ

手作りプリンにプリンカップは欠かせませんが、種類は様々。カップを変えるだけで、雰囲気の違うプリンが簡単に作れるので便利です。

果実が浮かぶ
フルーツ宝石プリン

材料

- プリンミクス*
- お湯
- 水
- 苺
- キウイ
- ブルーベリー

- バナナ
- ホイップクリーム

*ハウス食品の商品パッケージに記載の分量に合わせて作ってみてください。
*器は、ヨーロッパのヴィンテージ。

作り方

1 プリンミクスをボウルに入れ、お湯を入れて混ぜ、さらに水を入れて混ぜる。容器に注ぎ入れ、冷蔵庫で1時間以上冷やす。

2 1のプリンがかたまったら、切ったフルーツを上に散らす。同じ色や形が隣り合わないようにバランスよく。

3 ホイップクリームをジップ付きミニビニール袋に入れて、フルーツの周りに点を描く。

缶詰みかんのプリンアイス

材料

プリンミクス、お湯、水、缶詰みかん

説明

型に、汁を切った缶詰みかんを入れ（みかんの量はお好みで。型の半分くらいが目安）、そこへ表記通りに混ぜたプリンミクス＋お湯＋水を注ぎ入れて凍らせるだけ！缶詰みかんなら常備しておけるので、思い立ったらすぐに作れます。凍ったみかんのシャリシャリ感が最高！ちなみに私が使っている型は100均のもの。持ち手の棒が黒いところが気に入っています。

簡単プリンアラモード

材料

プリン（プリンミクス、お湯、水）
カラメルソース（プリンミクス付属のカラメルソース＋水）
トッピング（苺、さくらんぼ、ぶどう、マンゴー、黄桃、ミントの葉、ホイップクリーム）

説明

プリンミクスで作ったプリンを型から出して器に乗せ、カラメルソースを表面にかけます。盛り付けのポイントは、フルーツの色の配置。同じ色が隣り合わせにならないようにすると綺麗に見えます。白鳥の器は日本製の古いもの。

【 青空にぽっかり浮かぶ雲 】
夏空ゼリー

「バタフライピー」を使ったゼリーで、夏の美しい空を作りました。澄み渡った青空に浮かべた雲は、牛乳寒天でできています。

材料

- バタフライピー
- ゼラチン
- グラニュー糖
- 水
- 牛乳
- 粉寒天
- 砂糖

作り方

1 バタフライピーゼリーと、牛乳寒天を作る。

2 牛乳寒天を雲型で抜き、バタフライピーゼリーの上に乗せる。

バタフライピーとは青色の花を付けるマメ科の植物で、花は料理やお茶に利用されることが多い。

バタフライピーゼリーのレシピ

（W207×D165×H30mmの1バット分）

[材料]

バタフライピー（乾燥花）…8個、ゼラチン
…5g、グラニュー糖…大さじ2、水350ml

[作り方]

1. 鍋に水、グラニュー糖、バタフライピー
   を入れて火にかけ、好みの青色になるま
   で煮出したら、茶漉しなどで漉してバタ
   フライピーを取り出す。
2. 耐熱容器に水を大さじ2（分量外）入れて、
   ゼラチンを振り入れてふやかし、600Wの
   レンジに20秒かけて溶かす。
3. 1に2を入れてよく混ぜ、バットに流し
   てかたまるまで冷蔵庫で冷やす。

牛乳寒天のレシピ

（雲型5～6個分。
　W155×D125×H26mmの1バット分）

[材料]

牛乳…150ml、粉寒天…1g、砂糖…大さじ1

[作り方]

すべての材料を小鍋に入れて煮溶かし、バット
に流し入れて冷やしかためる。

器に取り分け、さくらん
ぼを乗せてもかわいい！

＊寒天を使うと濁ってしまうので、
　夏空になるゼリー部分にはゼラ
　チンがおすすめ。
＊ゼラチンよりも寒天のほうが型
　抜きしやすいので、雲になる部
　分には寒天を使用。

[ハートが溢れんばかりの]
トリコロールゼリー

材料

【バタフライピーゼリー】バタフライピー、
ゼラチン、グラニュー糖、水
【牛乳寒天】牛乳、粉寒天、砂糖
【スイカゼリー】スイカ、ゼラチン、グラ
ニュー糖

説明

青→バタフライピーゼリー。白→牛乳寒天。
赤→スイカゼリー。
スイカゼリーは、スイカの実だけをミキサー
にかけて、ゼラチン、砂糖を加えて作る。
牛乳寒天とバタフライピーゼリーは、ハート
の型抜きで抜いて。

イメージは野原！
白ウサギゼリー

野原をイメージしたメロン味のゼリーに、牛乳寒天で作った白ウサギを乗せました。「苺の花」を乗せて春っぽいアサカシに。

材料

- ゼリーエース（メロン）*
- お湯
- 水
- 牛乳
- 粉寒天
- 砂糖
- 苺
- ホイップクリーム

*ハウス食品の商品パッケージに記載の分量に合わせて作ってみてください。
*器は、アメリカのヴィンテージ。

作り方

1 ゼリーエースをボウルに入れ、お湯を加えて溶かし、水を加えて混ぜ合わせたら、器に流し入れて、冷蔵庫で2時間以上冷やしかためる。

2 うさぎの型で作った牛乳寒天（P111参照）を**1**に乗せ、苺のお花（P19参照）をあしらう。

牛乳寒天の砂浜ゼリー

砂の上に乗ったかわいい貝殻

材料

【カフェオレゼリー】ドリップコーヒー、牛乳、ゼラチン、グラニュー糖
【牛乳寒天】牛乳、粉寒天、砂糖
グラハムクラッカー

説明

海→カフェオレゼリー。砂浜→グラハムクラッカー。貝→牛乳寒天。器でカフェオレゼリーを作り、その上に細かく砕いたグラハムクラッカーを敷いて、マドレーヌ型で作った牛乳寒天を乗せました。貝殻を2枚合わせると立体的になって、よりリアルです。

白あんの砂浜ようかん

ブルーの器が海代わり

材料

白あん、砂糖、粉寒天、水、きなこ、浮き星（金平糖で代用OK）

説明

白あんで水ようかん。鍋に粉寒天、水を入れて火にかけ、溶けたら砂糖と白あんを加えて混ぜ、マドレーヌ型に流し入れて固まるまで冷やします。型から外した水ようかんを2枚合わせて、貝殻に。ターコイズブルーの器を海に見立てました。きなこで表現した砂浜に散りばめたキラキラ星の砂は、いただきものの新潟銘菓「浮き星」（金平糖よりサクサクした食感）。

和菓子でほっこり

もっちりつるん白玉団子

【 和と洋の意外な組み合わせ
白玉あんみつ 】

主役は、豆腐白玉。白あんにクランベリーパウダーを加えてピンク色に。和のパフェをイメージして、フルーツとお花でカラフルな彩りに。

材料

- 豆腐白玉（白玉粉、絹ごし豆腐）
- クランベリーあん
  （白あん、クランベリーパウダー）
- トッピング
  （さくらんぼ、ドラゴンフルーツをハートの型で抜いたもの、ブルーベリー、エディブルフラワー、ミント）
- 蜜

＊器は、日本製のヴィンテージ。

豆腐白玉

豆腐のみでこねた豆腐白玉。水の代わりに絹ごし豆腐で作ると、よりやわらかい仕上がりに。
作り方は、通常の白玉の作り方と同様。違いは、材料の水が、絹ごし豆腐に変わるだけ。

材料（2人分）
白玉粉…50g
絹ごし豆腐＊…50g

＊メーカーによって豆腐の水分量が異なるので、耳たぶぐらいの柔らかさになるように、肌触りを感じながら調整する。

作り方

1 白玉粉に絹ごし豆腐を少しずつ加えながらこね、耳たぶぐらいの柔らかさになったら、小さくちぎって丸め、中央を潰してくぼませる。

2 鍋にお湯を沸かして1を入れ、浮いてくるまで茹でる。

3 お湯に浮いた白玉を、氷水を入れたボウルに入れて冷やす。

[特別な日には形を変えて
花形白玉ぜんざい]

材料

白玉粉、絹ごし豆腐、粒あん、水、塩（レトルトぜんざいでもOK）

作り方

1 豆腐白玉の材料を混ぜる。

2 1を小さくちぎって丸めたら、中央を親指で潰してくぼみを作る。

3 2の白玉の周囲に、竹串で5箇所、均等に筋を入れて花の形にする。さらに竹串のお尻で、花の真ん中にオシベやメシベを模した点を3つ描く。

4 鍋に粒あん、水、塩を入れてとろみが出るまで煮込む。

5 別の鍋でお湯を沸かして3を茹で、浮いてきたら取り出す。器に4を注ぎ入れ、上に白玉を浮かべる。

花形白玉の
作り方

竹串

梅や桜の花をイメージ。

ハロウィンカラーの黒、オレンジ、紫を使ったデコレーション。黒ネコのピックのように、刺すだけで雰囲気の出る小物は、あると便利です。

材料

- 黒胡麻プリン（市販）
- 紫芋クリーム（紫芋、砂糖、生クリーム）
- さくらんぼ
- ぶどう
- エディブルフラワー
- ホイップクリーム*

*ホイップクリームはジップ付きミニビニール袋に入れて絞る。
*器は、ステンレス製の日本製。ブランド名は不明。

作り方

1 火を通した紫芋を潰し、砂糖、生クリームを加え、なめらかになるまで混ぜる。

2 器に取り出した黒胡麻プリンの上に、絞り袋に入れた**1**を絞り、飾り切りしたぶどう、さくらんぼ、エディブルフラワーをあしらう。

3 ホイップクリームで、さくらんぼとプリンにデコレーション。

さくらんぼのガトーショコラ

材料

ガトーショコラ（市販。ポロショ
コラなど）、さくらんぼ、ホイッ
プクリーム、粉糖、ミント

作り方

ガトーショコラに、波型に切った
クッキングペーパーと粉糖でおめ
かし。ホイップクリームで水玉を
描いて、さくらんぼとミントをあ
しらう。

材料

スポンジケーキ（市販）、苺、ホイッ
プクリーム、粉糖

苺のグラスケーキ

作り方

1 容器にするグラスの口でスポンジ
ケーキを型抜きする。

2 グラスに、半分に切った苺の断面
が外側になるように並べ、ホイッ
プクリームをグラスの側面に絞る。

3 外から見えないように中央に苺を
置いて、さらに上からホイップク
リームを絞る。

4 1で抜いたスポンジを、フタをす
るようにかぶせる。

5 粉糖とホイップクリームでデコレ
ーションし、苺とろうそくを飾る。

ヤングドーナツでブタさん

材料

- ヤングドーナツ
- きなこ棒
- フルーツモンスター(グミ)
- モロッコフルーツヨーグル*1
- 極細ポッキー*2
- 黒胡麻*3

*1:白目と口はヨーグル。ジップ付きミニビニール袋に入れて描く。
*2:極細ポッキー以外だと太くて入らないので注意。
*3:目と鼻の穴は黒胡麻。
*ヤングドーナツ(宮田製菓)、きなこ棒、フルーツモンスター(やおきん)、モロッコフルーツヨーグル(サンヨー製菓株式会社)、極細ポッキー(江崎グリコ)。

大好きなヤングドーナツがブタに大変身!ポッキーを棒代わりにしたので、全部丸ごと食べられます。蝶ネクタイがワンポイント。

Episode_16
子どもも大人も!楽しい駄菓子アート

私には愛してやまない、かわいい甥っ子&姪っ子がいます(伯母ばかです笑)。2人が物心付いた頃から、たくさんのお菓子作りを一緒に楽しんできましたが、なかでも駄菓子アートは大好評!ぜひ、みなさまも、お子さまと一緒に作ってみてください。もちろん、大人でも楽しめます!

1

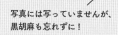

写真には写っていませんが、
黒胡麻も忘れずに！

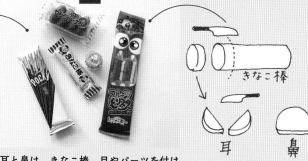

耳と鼻は、きなこ棒。目やパーツを付け
るための「のり」代わりにはヨーグルを。

きなこ棒を輪切りにして耳
と鼻に。

きなこ棒

耳　鼻

2

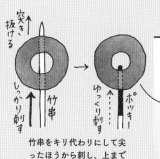

穴が抜ける

竹串

しっかり刺す

ゆっくり刺す

ポッキー

竹串をキリ代わりにして尖
ったほうから刺し、上まで
貫通させ、しっかり穴を開
けてから引き抜く。ドーナ
ツがもろいので、ポッキー
を刺すときは慎重にゆっく
りと。貫通させないように。

ポッキーは、先を折って短
くしてから刺したほうがバ
ランスよく仕上がる。

ヤングドーナツに、竹串で先にしっかり
穴を開けてから極細ポッキーを刺す。

3

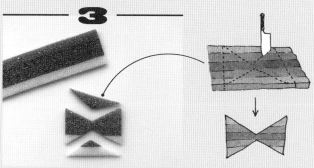

蝶ネクタイは、板状のグミをカットして
作る。

切る道具は、ナイフでもハ
サミでも、使いやすいもの
でOK。

簡単楽しい！駄菓子アレンジ2

チョコケーキでクマさん

駄菓子を組み合わせて、かわいいクマさんに。耳や目の位置で表情が変わるので、自分好みのクマさんを作ってみてください。

材料（1人分）

- ヤングドーナツ
- ユーラクチョコケーキ
- かぎっこチョコ（マーブルチョコ）
- どらチョコ
- モロッコフルーツヨーグル*

*白目と口周りはヨーグル。ジップ付きミニビニール袋に入れて描く。

*ヤングドーナツ（宮田製菓）、ユーラクチョコケーキ（有楽製菓）、かぎっこチョコ（チーリン製菓）、どらチョコ（やおきん）、モロッコフルーツヨーグル（サンヨー製菓株式会社）。

*器は、iittala（イッタラ）のTeema（ティーマ）、ハニー（プレート）17cm、ハニー（マグ）300mℓ。

Part_5

1

写真には写っていませんが、
ヨーグルも忘れずに！

耳は、ヤングドーナツ。顔は、ユーラク
チョコケーキ。鼻と口周りは、どらチョ
コ。目と鼻は、かぎっこチョコ。

2

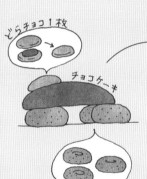

どらチョコ1枚

チョコケーキ

ヤングドーナツ 3コ

どらチョコは、はがした状
態で1枚だけ乗せる。

ヤングドーナツを3つ置いた上に、チョ
コケーキを乗せて、その上に、どらチョ
コを置く。

3

かぎチョコ

ヨーグル

両目は、どらチョコを置い
てから、ヨーグルで白目を
描き、上に、かぎっこチョ
コを乗せる。

どらチョコは下よりに置く
とバランスよく仕上がる。

かぎっこチョコとヨーグルで、目と鼻と
口を作る。

えびっこで女の子

おつまみ系駄菓子で、お顔。どことなく姪っ子ちゃんに似ています。いかそーめんの髪を短くしたり、リボンをお花にしたり。アレンジは無限大！

材料

- えびっこ
- いかそーめん
- するめジャーキー
- マヨネーズ*
- ケチャップ*

＊女の子の白目と鼻はマヨネーズ。口はケチャップ。ジップ付きミニビニール袋に入れて描く。
＊えびっこ(イケダヤ製菓)、いかそーめん(すぐる)、元祖するめジャーキー(タクマ食品)。

顔は、えびっこ。髪の毛は、いかそーめん。リボンや黒目はするめジャーキー。

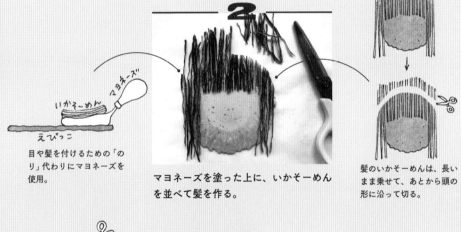

目や髪を付けるための「のり」代わりにマヨネーズを使用。

マヨネーズを塗った上に、いかそーめんを並べて髪を作る。

髪のいかそーめんは、長いまま乗せて、あとから頭の形に沿って切る。

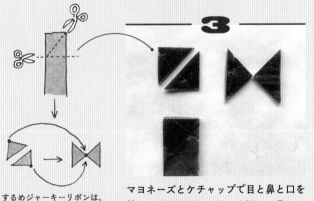

するめジャーキーリボンは、正方形を半分に切り、配置を変えて作る。

マヨネーズとケチャップで目と鼻と口を描き、するめジャーキーを切って作った黒目とリボンを乗せて完成。

料理が映える
器やカトラリー

日々を楽しく過ごすために、私にとって「器と料理」は、とても大切な存在です。
長年、雑貨好きの延長で器を集めてきましたが、器本来の用途である
"使うこと"を楽しめるようになったおかげで、視野が少し広がった気がします。

一般的に「器は料理の引き立て役」なところがあると思うのですが、私は「器も料理も主役」という感覚です。
料理をするようになったきっかけが「かわいい器を使いたいから」だったこともあり、器から料理を選ぶことさえあります。
器と料理の組み合わせを考えるのは、洋服のコーディネートを決めるような感覚に似ている気がします。色、形、バランス、自分好みに足し算をしていくあの感じです（ときには、「あれ？」とイメージが違うことも！）。
そしてカトラリー類は、ファッションで言ったら、帽子やバッグ、靴のような存在でしょうか。ワンポイントになる重要なアイテムです。
こんな思いで、日々器選びを楽しんでいます。

① 無地の器が やっぱり使いやすい

どんな料理にも合わせやすいのが、柄のない丸いシンプルな白いお皿。そのシンプルなお皿をサイズ違いで持っていると、用途に合わせて使い分けられるので、とても便利です。私が愛用しているのはティーマのお皿。26、21、17cmのサイズ違いで、それぞれ持っています。大きさの目安としては、26cmだと、スープとヨーグルトを乗せるときに。21cmは、スープだけを乗せるときに。17cmは、パンだけ乗せるときにと、使い分けています。

② 同じ皿を色違いで 持つメリット

サイズ違いのほか、色違いで持つ方法もおすすめです。私は17cmのティーマだけは、いろいろな色を集めています。
テーブルコーディネートでの差し色として使ったり、食材の色とリンクさせたりと、楽しみ方は様々です。なおかつ丈夫ということもあって、全色は持っていませんが、長年かけて少しずつ集めてきました。
たくさん持つ必要はありませんが、色のバリエーションがあると楽しめると思います。

③ カトラリー、箸置きについて

カトラリーは、器に合わせて選ぶのを楽しんでいます。古いもの、新しいもの、外国製、日本製と様々です。黒い柄のものは、テーブル上が引き締まるので、ひとつ持っておくと便利かもしれません。箸置きは、季節を感じるものと、日常使いのものとで使い分けています。きのこと貝は100均で。左上の赤いお花は、水引アートの作家さんの作品。

Outroduction

おわりに

　自分で作った朝ごはんを写真に撮影し、Instagramにアップし始めたのは、2016年のこと。

　お気に入りの器に料理を盛り付け、写真を撮る…という一連の作業は、いつしか朝のルーティンとなりました。

　せっかく食べるなら食べたいと思ったものを「かわいく」したい――。

　そんな気持ちで、日々朝ごはんを作っています。

　作品によってかかる時間はまちまち。10分のものもあれば、稀に1時間かかるものも。平均すると、40分ぐらいでしょうか…。

　「忙しい朝に、こんな朝ごはんを作るなんて大変じゃありませんか?」とご質問をいただくことがあります。

　でも、私にとっては、あくまで自分の趣味なので、"楽しさ"しかありません。

　作る気分が起きないときは、もちろん作りませんし、作ることに辛さを感じたことはありません。

　無理はせず、自己満足の世界で、単純に純粋に、おもしろいから続けています。

　自分が好きなものを、誰かに共感してもらえる喜び。

　頭の中で描いたものを、自分の手で形にする楽しさ。

　作品を通して、素敵な方々と新たにお知り合いになることもできました。

　これらがあるから、朝ごはん作りやInstagramへの投稿を続けていられるのだと思います。

朝は起きるだけでも精一杯。朝ごはん作りなんてとても無理…という方も、中にはいらっしゃると思います。

　私にもそんな日があります！もちろん無理は禁物です！

　でも、たとえば休日の朝なんて、いかがでしょう？

　少し寝坊して、ブランチにするのも、休日ならではの楽しみ方です。

　「アサカシ」も、朝ではなく「おやつ」にしても、もちろん問題ありません。

　ぜひ、ご自分のお好みのシチュエーションで作ってみてください。

　一度、試してみていただくと、意外と楽しかったり、案外簡単だったり。

　何かしらの発見をしていただくことができるかもしれません。

　本書がきっかけとなって、みなさまの朝時間が少しでもご機嫌なものとなりましたら大変嬉しいです！

valo

著者 **valo**（ヴァロ）

栃木県足利市出身。幼い頃から手先が器用で、物作りが好き。趣味で、身近な食材を使ったパンアートなどの朝ごはんをメインに、インスタグラムにアップしている。コロナ前は、都内でパンアートのワークショップも行う。フーディーテーブルアンバサダー2021（日本最大級の料理インスタグラマーコミュニティ）。マカロニメイト認定アンバサダー（食やライフスタイルにまつわる趣味を持つ人が集まるインスタグラマーコミュニティ）。北欧食器ブランド iittala 認定アンバサダー、雑誌「bis」（光文社）レシピページのレシピ考案と製作、Pascoさん協力のもと「超熟」を使ったパンアートの提案を行なった経験がある。

https://www.instagram.com/
mekkoja_valo/?hl=ja

Staff

装幀・本文デザイン／
　細山田光宣＋木寺 梓（細山田デザイン事務所）

イラスト／フジマツミキ

アートな朝ごはん

2021 年 5 月 25 日 第 1 刷発行

著者　　valo
発行者　徳留 慶太郎
発行所　株式会社すばる舎
　　　　〒170-0013
　　　　東京都豊島区東池袋 3-9-7 東池袋織本ビル
　　　　TEL　03-3981-8651（代表）
　　　　　　　03-3981-0767（営業部直通）
　　　　FAX　03-3981-8638
　　　　URL　http://www.subarusya.jp/
　　　　振替　00140-7-116563
印刷　　ベクトル印刷株式会社